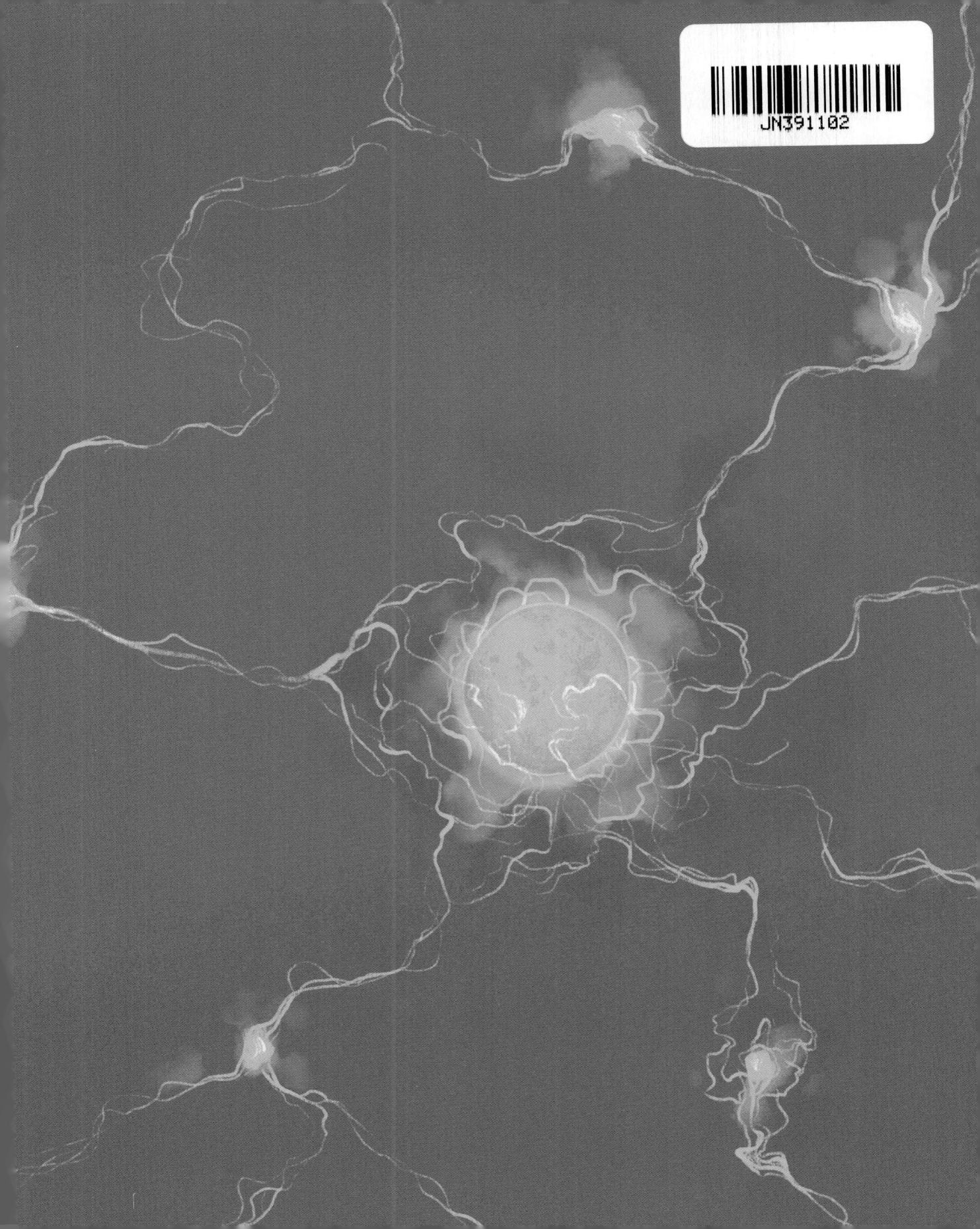

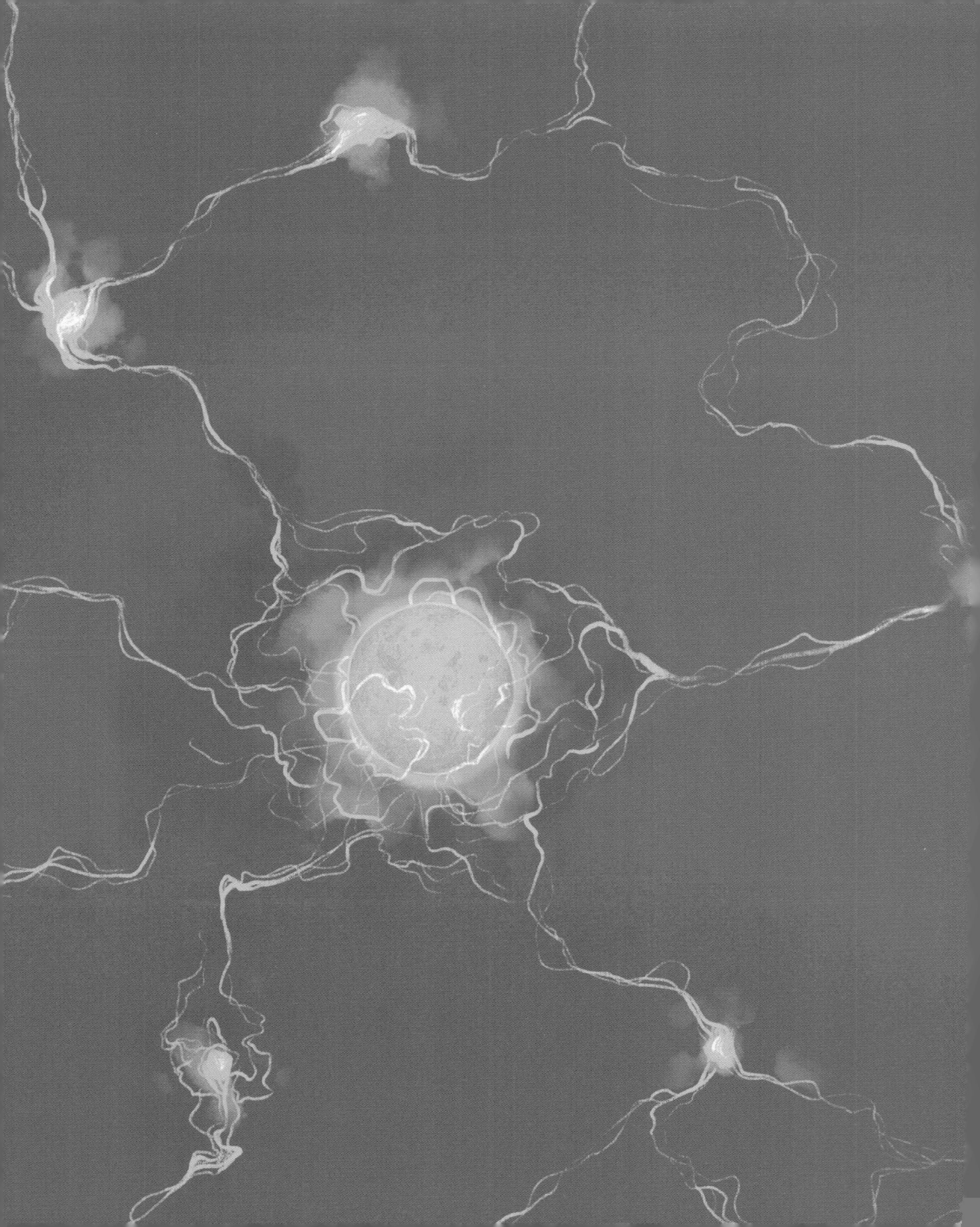

우주먼지에서 지구의 탄생까지
지구의 기원과 비밀

지구가 뭐예요?

글 앤 루니 / 그림 마르가리다 에스테베스
감수 이동탁 · 윤태정
옮긴이 이은경

이은경

광운대학교 영문학과를 졸업하였으며, 저작권에이전시에서 에이전트로 근무하였다. 현재 번역에이전시 엔터스코리아에서 출판 기획 및 전문 번역가로 활동하고 있다.

주요 역서로는 『자연과 친해지는 법을 찾아서』, 『원자에서 우주까지 과학 수업 시간입니다 : 과학자가 들려주는 과학적 사고방식과 실험 관찰 방법』, 『우주에서 바닷속까지 똑똑한 모험책 : 우주에서 깊은 바닷속까지 구석구석 지구를 살피자』, 『멘사퍼즐 두뇌게임 : IQ 148을 위한』, 『멘사퍼즐 수학게임 : IQ 148을 위한』, 『IQ 148을 위한 멘사퍼즐 추론게임』, 『IQ 148을 위한 멘사퍼즐 아이큐게임』, 『수학올림피아드의 천재들』, 『장난꾸러기 돼지들의 화학피크닉』, 『신을 찾아나선 까마귀 조수아』, 『청소년을 위한 고고학 이야기』, 『청소년을 위한 극탐험 이야기』, 『도대체 누구 아이디어람?』, 『밤은 천 개의 눈을 가지고 있다』 등 다수가 있다.

우주먼지에서 지구의 탄생까지
지구의 기원과 비밀
지구가 뭐예요?

2022년 9월 15일 초판 1쇄 인쇄
2022년 9월 25일 초판 1쇄 발행

글 앤 루니
그림 마르가리다 에스테베스
감수 윤태정, 이동탁
옮긴이 이은경
편집기획 이원도
디자인 이창욱
교정 이혜림, 이준표
제작 서동욱
발행처 빅북
발행인 윤국진
주소 서울시 동작구 신대방길 113, 3층
등록번호 제 2016-000028호
이메일 bigbook123@hanmail.net
전화 02) 2644-0454
전자팩스 0502) 644-3937
ISBN 979-11-90520-07-2 74440
값 18,800원

The Story of Planet Earth
By Anne Rooney and Margarida Esteves
Copyright © Arcturus Holdings Limited
www.arcturuspublishing.com
All rights reserved.
Korean translation copyright © 2022 by Bigbook

이 책의 한국어판저작권은 PubHub 에이전시를 통해 Arcturus Publishing Limited와 독점계약한 빅북에 있습니다. 저작권법에 의해 한국 내에서 보호를 받는 저작물이므로 무단전재와 무단복제를 금합니다.

머리말

지구별의 탄생과 더불어
현재까지 지구라는 행성에서 벌어지고 있는 일은
실로 우리가 상상하기 어려울 만큼 복잡다단했어요.
지구의 역사만큼이나 지구 생명체의 다양성이나 발전과정은
신비롭고도 험난한 길을 쭉 걸어왔다고 해도 과언이 아니에요.
인간이 존재했던 바로 그 시점부터, 사람들은 풍요로우면서도 전혀
예측할 수 없었던 지구라는 행성을 둘러보며 심오한 질문을 던져왔어요.
과연, 이 모든 것들이 어디에서 온 것일까? 생명은 어떻게 시작되었으며,
또 인간의 미래는 앞으로 어떠할까?
이와 같은 수많은 궁금증과 그 해답들이 책 속에 담겨있어요.
가장 최근의 과학적 사실을 근거로 명확하고 간결한 설명을 곁들여
생동감이 넘치는 그림들과 함께 주요 개념들을
명확하게 설명해주고 있답니다.

2022년 6월
이동탁, 윤태정 올림

일러두기

이 책은 지구의 탄생에서 종말까지를 어느 정도 가늠할 수 있는 기초 지식을 제공하게 될 것이며, 인류의 오랜 과거와 먼 미래를 동시에 우리의 상상력만으로 가볼 수 있는아주 특별한 여행을 제공하게 될 것입니다.

앞서 출간되었던 <진화가 뭐예요?>, <우주가 뭐예요?>와 함께 읽는다면 우주에 남겨진 수수께끼가 한가지씩 풀릴 거예요. <지구가 뭐예요?>에는 여러분들이 지구에 관한 모든 것들을 과학적 근거를 토대로 한꺼번에 살펴볼 수 있는 기회를 제공하게 될것입니다.

이제, 앞으로 인류에게 주어진 과제는 "인간의 탐욕을 어떻게 제어할 것인가?", "푸른 별 행성인 지구를 보존하기 위한 최선의 길이 무엇인가?", "태양과 달과 지구의 생존나이는 얼마나 될까?" 등을 탐구하는 것입니다.

이런 궁금증은 독자 여러분이 지구별의 역사를 거슬러 올라가다 보면 저절로 해소될 것입니다.

· 본 도서는 초등 자연과학의 모든 것과 관련된 내용을 담았습니다.
· 이 책은 탄소 중립과 환경 오염문제와 직결되는 주제를 포함하고 있습니다.
· 지구의 미래는 지구의 문제를 제대로 파악하는 길이 무엇보다 중요합니다.
· 기후 변화의 위기는 우리의 무관심 때문에 일어나는 문제입니다.
· 학생 여러분, 모두가 환경지킴이로 나서야 합니다.

차례

지구라는 행성에 온 것을 환영합니다!	6
지구인의 고향이라고 부르는 물의 행성, 지구	8
1장 우주의 먼지구름에서 탄생한 지구별 이야기	**10**
2장 푸른별 지구 행성의 유래	**28**
3장 생명의 시작과 첫출발	**46**
4장 끊임없이 꿈틀대는 지구	**62**
5장 살아 있는 행성의 비밀이야기	**80**
6장 미리 가보는 인류의 미래 여행	**98**
부록	
지질 시대의 연대 구분	118
타임라인 1. 지구의 시작	120
타임라인 2. 활기를 띠는 대륙	122
타임라인 3. 지상의 생명체	124
용어	**126**

지구라는 행성에 온 것을 환영합니다!

우리는 비교적 작은 행성에 살고 있어요. 지구는 우주를 빙빙 회전하며 나선형의 우리 은하 안에서 돌고 있는 중간 크기의 별이죠. 비록 광대한 우주 속에서 작은 점일 뿐이지만, 우리가 아는 모든 것들은 이곳에 뿌리를 두고 있답니다. 우리의 고향인 지구는 생명체가 존재한다고 알려진 유일한 곳이며, 그 탄생의 비밀을 추적할 수 있는 아주 특별한 행성이에요.

옛날 옛적부터 전해 내려오던 이야기
신화, 전설, 종교

수천 년 동안, 사람들은 지구가 어떻게 생겨났는지, 그리고 지진이나 화산 폭발과 같은 이상하고 무서운 사건들의 원인은 무엇인지 궁금해 했어요. 과거에는 사람들이 이러한 미스터리를 설명하기 위해 이야기를 지어냈어요. 그 이야기들이 신화와 전설, 그리고 종교가 되었답니다. 각각의 문화마다 지구의 기원을 설명해주는 천지창조 이야기가 조금씩 달라요. 북아메리카의 풍경에 뿌리를 둔 체로키 신화는 물과 하늘만 있던 시기에 지구가 만들어졌다고 주장해요. 모든 동물들은 갈룬라티라고 알려진 하늘의 영역에서 살고 있었어요. 성스러운 작은 물방개인 다유니시가 물 아래에 무엇이 있는지 보려고 내려오면서 진흙을 일

으켰는데, 그것이 점점 확장되어 세상을 만들게 되었다고 해요. 다른 동물들도 탐험을 하고 싶었지만, 독수리가 먼저 날아 내려와 흙이 건조한지 확인했어요. 그의 거대한 날개가 축축한 흙 표면을 매끄럽게 스치면서 산과 계곡을 형성하게 되었답니다. 표면이 마르자, 비로소 다른 동물들이 육지에 정착하게 되었어요. 사방이 완전히 깜깜했기 때문에 그들은 하늘에 태양을 들여놓았고, 하늘에 뜬 태양은 지구를 밝고 따뜻하게 만들어 주었어요.

중국과 인도의 신화는 거북이 등에 서 있는 여러 마리의 코끼리에 의해 지탱되는 세상을 묘사하고 있어요. 그 코끼리들 중 하나라도 움직이면, 지구가 떨리고 흔들리며 중국과 인도 일부 지역에서 흔히 보는 무시무시한 지진이 일어난다고 믿고 있어요.

신화로 꾸며진 각종 재난 이야기

사람들은 또한 지진과 홍수 같은 무섭고 파괴적인 자연재해를 환상적인 이야기로 설명했어요. 각종 재앙으로 인한 무분별한 죽음과 파괴를 다루는 데 도움을 주었거든요.

태평양 북서부 지역에서는 고래와 커다란 천둥새가 싸우면서 땅이 흔들리고 바닷물이 육지로 넘친다는 이야기가 전해지고 있어요. 여러 문화권에서는 화산의 폭발을 하와이의 여신 펠레 또는 테네리페의 간체족 중에서 악마 과요타와 같은 초자연적인 존재가 어떤 작용을 하였기 때문이라고 설명해왔어요.

지구인의 고향이라고 부르는 물의 행성, 지구

오늘날, 우리는 지구가 어떻게 운행되고 작동하는지 설명하고 지구의 역사를 탐구하기 위해 과학을 이용하곤 해요. 지구라는 행성이 태양주위를 도는 8개의 공 모양의 행성 중 하나라는 사실을 알게 되었어요. 우리는 지구가 얼마나 오래되었고 어떻게 형성되었는지, 육지와 바다와 공기가 어떻게 생겨났는지, 생물들이 지구와 어떻게 상호작용하는지 잘 알고 있답니다.

생물권

암권

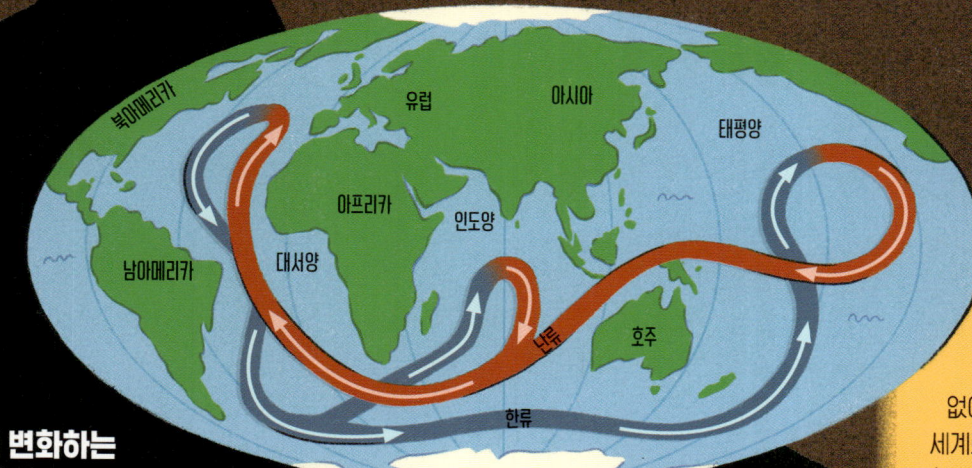

끊임없이 변화하는 푸른별 행성

지구는 끊임없이 변하고 있답니다. 오늘날 행성의 풍경은 수십억 년에 걸쳐 변화해온 결과예요. 현재의 육지, 해양, 섬, 만년설이 놓인 모습은 지구 역사의 한 단면일 뿐이죠. 과거에는 상황이 전혀 달랐고 미래에는 또 달라질 거예요. 바다와 육지가 이동하고, 산이 오르락내리락하며, 대기가 수시로 변하고, 기후가 더웠다가 추워지고 다시 또 더워져요. 모든 부분이 함께 움직이며, 각각이 다른 부분들을 바꾸어주는 역동적인 시스템이랍니다.

며칠이나 몇 주에서 몇 세기에 이르는 기간 동안, 지구의 자원은 자연적으로 재활용되고 끊임없이 재생돼요. 대양의 물은 전 세계로 해류와 대기를 통해 이동하며, 약 2,000년 주기로 바다의 윗부분과 바닥 사이를 오가지만 밀물과 썰물은 매일 밀려왔다 밀려가요.

각 영역마다 전혀 다른 세계

과학자들은 지구를 암권(암석), 수권(대양, 바다, 호수, 강, 얼음), 대기권(공기), 생물권(생물)으로 나뉘어요. 이들은 모두 서로 연결되어 있어요. 화학적 순환 원리에 의해 바위, 물, 공기 그리고 살아 있는 것들은 서로 연결되어 있어요. 생명체는 기후에 영향을 받고, 또 영향을 주기도 해요. 그리고 가능성이 희박해 보이지만, 살아 있는 것들은 심지어 암석에도 영향을 미쳐요. 마치 아슬아슬한 균형을 이루고 있는 복잡한 거미줄과 같다고 할까요? 그것은 과거의 극단적인 상황으로 기울어졌다가, 틀림없이 다시 돌아올 거예요.

대기권

수권   암권

대기권에서 공기의 흐름은 그들만의 주기를 따르죠. 기후(날씨)와 해류(조류)는 우리가 아직 완전히 파악하지 못한 복잡한 패턴을 형성하며 움직여요. 그래서 일기예보가 종종 틀리는 거랍니다! 과학자들이 조사하면 할수록, 우리 행성이 어떻게 성장했고, 어떻게 작동되는지 더 잘 알게 돼요. 지구의 행성이야기는 우리와 모든 다른 생명체를 지지해주는 시스템 체계나 대하소설과 같아요. 지구의 소설은 끝나려면 아직 멀었죠.
태양의 수명은 절반 정도밖에 지나지 않았기 때문에, 우리 행성 앞에는 아직도 많은 여정이 남아 있답니다.

토네이도

1장

우주의 먼지구름에서 탄생한 지구별 이야기

우리의 행성인 지구와 그 일곱 동반자들은 태양 주위를 빙빙 도는 많은 먼지구름 입자들로 만들어졌어요. 암석 먼지와 얼음 입자들이 우주에서 돌진해 서로 충돌하면서, 서로 달라붙기도 하고 떨어져 나가기도 했어요. 덩어리들은 점점 더 커지다가 수천 년을 경과한 후, 암석 덩어리들 중 그 하나가 지구의 시초가 되었어요. 45억년 후, 지구는 온갖 생명으로 충만해져 지구 표면과 내부 깊숙한 곳이 모두 활동적으로 변했답니다. 지구는 여전히 태양 주위를 빙빙 돌고 있으며, 지금은 달도 위성으로 갖고 있어요. 달은 현재에까지도 형태 그대로 지구에 중요한 존재랍니다.

지구, 암흑의 세상에서 빛의 세계로

우리의 지구와 심지어 태양도 우주 공간에는 비교적 늦게 등장했어요. 우주는 태양계보다 훨씬 더 오래되었어요. 우주는 138억년 전, 시공간이 무한히 작고 무한히 뜨겁고 밀도가 높은 한 점으로 존재했을 때, '빅뱅'과 함께 시작되었어요. 이러한 아기 우주에서 알아볼 수 있는 것은 아무것도 없었어요. 별도, 물질도, 심지어 우주도 알아볼 수조차 없었어요.

우주의 탄생(빅뱅)

어마어마하게 크게, 정말 빨리 진행되었어요
순간, 그 작은 우주는 상상할 수 없는 속도로 팽창했어요. 그것은 마치 쌀 한 톨이 전체 은하의 1,000배 길이로 자란 것과 같았어요, 1초도 안 되는 시간에 말이죠! 처음에는 너무 작게 시작해서, 그렇게 자랐음에도 불구하고 여전히 오렌지보다 더 작았어요. 우주가 그곳에 있는 전부였어요. 우주 외에는 아무것도 없고, 심지어 빈 공간도 없어요. 우주가 정말 작았을 때도, 그것은 존재했던 전부였고, 그밖에는 아무것도 존재하지 않았답니다.

중력

중력은 질량을 가진 물체들 사이에서 작용하며 서로를 끌어당겨요. 여러분은 지구의 중력에의해 지구에 붙잡혀 있지만, 지구를 끌어당기는 작은 인력을 발휘하기도해요!

시나브로 별이 탄생되다

우주는 빠르게는 아니지만 계속해서 성장하며 서서히 식어갔어요. 몇 분 후, 최초의 물질이 생겨났어요. 이 물질이 수소와 헬륨 기체의 원자핵이었어요.

중력은 새로운 물질을 서로 뭉치게 했어요. 다른 곳보다 기체가 조금 더 많은 곳에서는 점점 더 많은 기체를 끌어당겼답니다. 1억 년이 지난 후, 어떤 곳은 너무 많은 기체가 뭉쳐져서 중심부의 강력한 중력이 핵을 부수는 바람에 최초의 별들이 만들어지게 되었어요.

별들은 빛과 조금 다른 종류의 에너지를 우주 밖으로 쏟아내기 시작했어요.

성운 붕괴
농축된 기체로 이루어진 거대한 구름(성운)은 내부에서부터 붕괴가 돼요.

원시별
무너지는 성운의 가운데가 점점 뜨거워지면서 빛을 내기 시작해요.

유출
원시별의 양극에서 과열된 기체들이 뿜어져 나와요.

별의 탄생!
마침내, 중심의 밀도가 너무 높아져 수소를 융합하기 시작하면서 별이 생성돼요.

별들은 에너지 공장이에요

별에서 수소는 중력에 의해 생성된 거대한 압력을 받아 함께 뭉개져요. 공간이 너무 작아서 수소 원자핵이 융합해 헬륨 원자핵을 만들어요. 헬륨 원자핵을 만들기 위해서는 4개의 수소 원자핵이 필요하지만, 1개의 헬륨 원자핵이 차지하는 공간이 4개의 수소 원자핵이 차지하는 공간보다 작아요. 원자핵이 융합되면서 에너지가 방출되는데, 이것이 바로 우리가 태양으로부터 얻는 열과 빛이랍니다.

태양과 같은 별은 내부에 수소가 너무 많아서 수십억 년 동안 '태울' 수도 있어요. 우리의 태양은 아직 젊은 청년기로 앞으로 40억 년이나 더 에너지를 생성할 수 있답니다.

별을 탄생시키기 위한 물질

최초의 별들은 정신없이 빨리 전개되는 삶을 살다가 일찍 사라졌어요. 그들 이후 우리의 태양계를 포함해 여러 세대에 걸쳐 새로운 별들이 생겨나기 시작했어요. 그럼, 별들은 어떤 물질로 구성되었을까요?

초신성 폭발

물질은 외부로 내던져져요.

별의 내부

핵

금속 물질을 만들어내는 원리

별들은 수소가 고갈될 때까지 헬륨을 만들어내요. 그런 다음, 별의 중앙에서 헬륨을 융합하여 탄소나 산소와 같은 더 무거운 화학 원소를 만들기 시작한답니다. (원소는 다른 모든 화학 물질들의 기본적인 성분을 말해요.) 별이 이런 방식으로 만들 수 있는 가장 무거운 원소는 철이에요. 철의 무게에 이르는 원소를 만드는 과정은 에너지를 방출하면서 빛과 열을 생산하는 거예요. 철보다 더 무거운 원소를 만들려면, 원자핵을 융합하기 위한 추가적인 에너지가 필요하기 때문에 이런 일은 일어나지 않아요.

'펑'하고 터져요!

활동적인 별에서 빠져나가는 에너지는 바깥쪽으로 압력을 발생시켜요. 이것은 안쪽으로 끌어당기는 중력과 균형을 이뤄 별은 항상 같은 크기를 유지해요. 큰 별이 철로 된 핵을 갖게 되면 더 이상 에너지를 생산할 수 없게 돼요. 중력의 끌어당기는 힘 때문에 별은 치명적인 충돌을 당하는 순간, 안쪽으로부터 붕괴돼요. 하지만 중간에 공간이 없기 때문에 '초신성'이라고 불리는 거대한 폭발을 통해 모든 것이 다시 튕겨 나와요. 이는 너무 많은 에너지를 가지고 있어서 철과 융합해 금이나 백금과 같은 더 무거운 원소를 생성해요. 초신성은 별에서 만들어진 모든 원소들을 폭발시켜 우주 공간으로 날려 보내요.

우리가 알고 있는 화학 원소

자연적으로 생성되는 98개의 화학 원소가 있으며, 모두 별이나 초신성에서 만들어져요. 각각의 원소는 각기 다른 형태의 원자구조를 갖고 있어요. 우주의 모든 화학 원소들은 원소들이 서로 결합되어 만들어지는데, 이것이 모든 물질의 구성 요소가 된답니다.

이제 볼 수 있어요 …

초신성은 우주에서 엄청난 큰 폭발을 해요. 폭발 자체는 단 몇 초간 지속되지만, 별이 일생 동안 방출한 에너지보다 더 많은 에너지를 한꺼번에 쏟아내요. 폭발한 별의 잔해들은 우주로 흩뿌려지면서 점점 희박해지는 물질들 속으로 섞여버려요. 1604년 우리 은하의 마지막 초신성은 심지어 낮에도 지구의 하늘에서 볼 수 있었으며, 심지어 몇 달 동안 빛났어요. 그것의 잔해는 망원경으로도 여전히 볼 수 있답니다.

별의 탄생을 위한 준비과정

우주로 뿌려진 추가적인 원소들은 다음의 별들이 형성되는 데 휩쓸려 들어갈 수 있어요. 하지만 별들은 연소하기 위해 수소가 필요할 뿐, 여분의 물질을 사용할 수는 없어요. 대신, 수소는 행성을 만드는 데 사용될 수 있어요.

초신성의 잔해

은하에서 지구까지

수십억 년 동안, 별들이 태어나고 죽으면서 우주 공간에 점점 더 많은 화학 물질들을 남겼어요. 물질들은 크고 작은 별들을 포함한 거대한 은하로 뭉쳐졌어요. 약 46억 년 전, 우리가 '은하수(미리내)'라고 부르는 나선은하의 한쪽 팔에는 뜨거운 가스와 먼지로 이루어진 우리 은하의 성운이 형성되었답니다.

태양

고체, 액체, 기체

어떤 물질도 압력과 온도에 따라 고체, 액체, 기체로 존재할 수 있어요. 우리는 얼음(고체), 물(액체), 공기 중의 작은 물방울(기체)과 같은 세 가지 형태의 물에 모두 익숙할 텐데, 그 상태는 입자가 어떠한 간격으로 떨어져 있느냐에 따라 달라져요.

태양계 형성의 비밀

성운 가스에 있는 대부분의 물질들은 수소를 융합하면서 압력을 받는 중심부로 당겨져, 수십억 개의 별들이 빛을 발했던 것처럼 우리 태양을 밝게 빛나게 했어요. 태양 주위를 돌고 있는 추가적인 물질들이 원반 모양의 성운으로 납작하게 형성되기 시작했어요.
여기에는 수십억 년 동안 죽어가는 별들로부터 던져진 모든 원소들이 포함되었어요. 이로부터 태양계의 행성, 위성, 소행성들이 형성된 거랍니다.

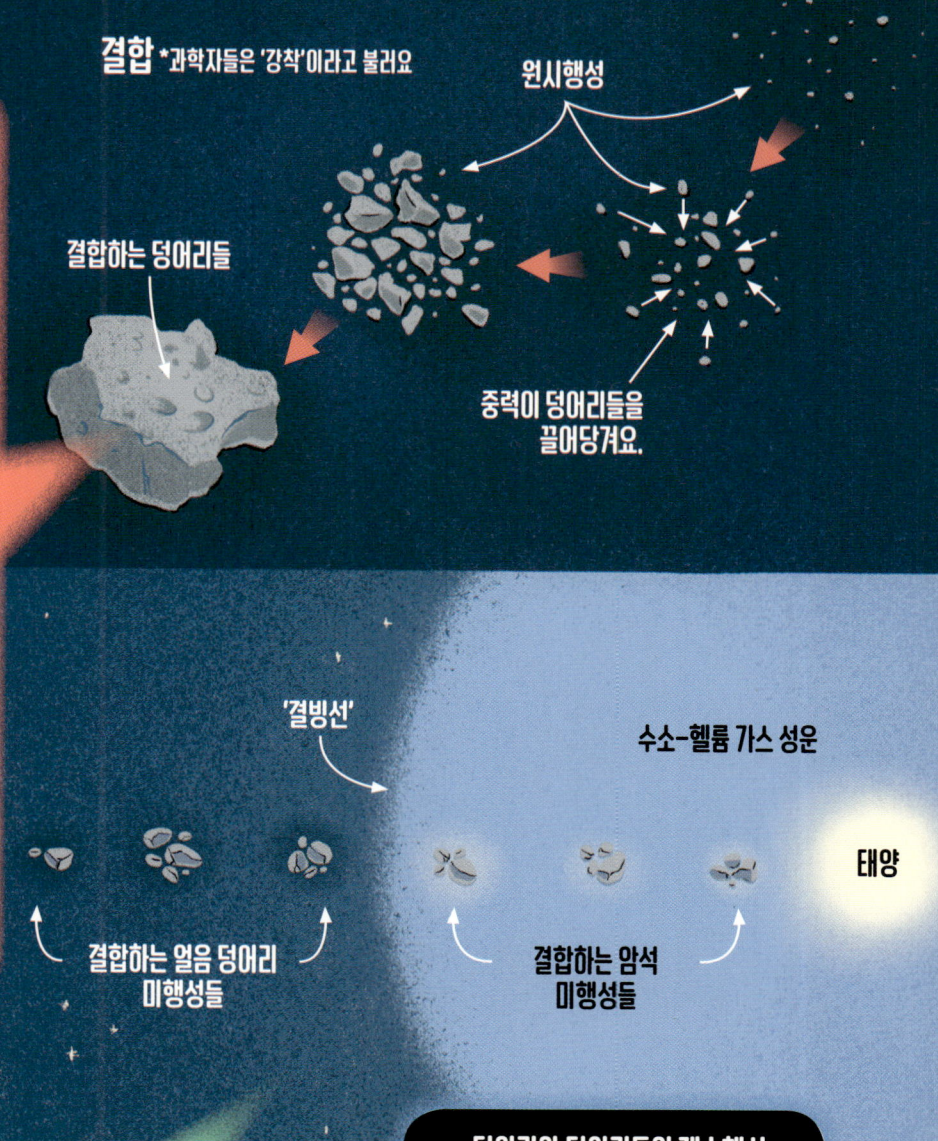

무척 뜨겁거나 차가워요!

태양에 매우 가까워서, 너무 뜨거운 나머지 지구상에서 고체인 물질들이 가스(기체)로 존재해요. 태양과 멀어질수록 우주는 점점 더 차가워지죠. 암석이나 금속과 같이 녹는 점이 높은 물질은 태양 가까이에서 얼어, 회전하는 성운 속에서는 먼지를 형성해요. 더 나아가, 지구상에서 액체이거나 심지어 가스인 물질이 고형 입자로 얼기도 해요.

수십억 년 전, 입자들은 서로 충돌하면서 뭉쳐져 덩어리를 형성했어요. 점차 시간이 경과함에 따라, 이러한 덩어리들은 충돌을 통해 결합하는 과정을 거치며 더욱 큰 덩어리들로 자랐어요.

일부 덩어리들이 최초의 아기 원시행성이 되었고, 결국은 오늘날 우리가 알고 있는 행성들로 태어났답니다. 불과 5백만 년 만에, 지구는 먼지에서 초기 행성으로 성장한 셈이죠. 긴 시간처럼 들릴지 모르지만, 별과 행성의 삶에서는 무척 짧은 기간이에요.

암석형 행성과 가스형 행성

지구와 같은 암석형 행성들은 태양에 가장 가깝게 형성되었어요. 빙점이 더 낮은 물질은 더 먼 곳에서 덩어리를 형성하며 목성 같은 가스형 행성들을 만들었어요. 지구는 물이나 메탄과 같은 화학물질이 얼어붙는 지점을 나타내는, 태양 주위 가상의 선인 '결빙선' 안에 있어요. 각각의 물질은 자신만의 더욱 명확한 결빙점을 가지고 있어요.

뜨거운 암석 덩어리

중력은 행성의 각 부분을 균등하게 끌어당기므로 물질은 공 모양으로 형성돼요. 원래 지구를 구성하는 물질들은 고르게 분포되어 있는데, 비슷한 물질들이 모인 덩어리들로 행성이 만들어졌기 때문이죠. 지구가 성장함에 따라 상황은 점차 변하기 시작했어요.

원시행성

원시행성 용해의 시작

내부는 뜨겁고 대부분 녹은 상태

금속은 핵을 향해 이동

핵

암석을 뚫고 흐르는 용융된 금속 세류

녹아 흘러내리는 금속

중력은 철이나 니켈 같은 가장 무거운 물질들을 지구 한가운데로 끌어당겼어요. 녹은 금속은 물이 커피 필터를 통해 새어 나오듯 암석 입자 사이로 스며들어요. 미세한 금속 액체의 줄기들이 암석 사이로 흘러 지구의 핵을 향해 요리조리 빠져나와요.

금속은 점점 더 가열된 지구 내부로 이동하면서 마침내 암석을 녹일 만큼 뜨거워져요. 이제, 지구는 중금속의 핵, 그리고 더 가벼우면서도 반쯤 녹은 두툼한 암석(맨틀)으로 뒤덮여 있어요. 물과 가스는 가장 가벼워서 지표면 근처에 머무르게 돼요.

용해된 지구의 중앙

중력은 물질을 지구 중앙으로 끌어당겨 압력을 만들어내고, 압력을 받은 물질은 열을 발생시켜요. 지구의 방사성 물질은 시간이 지남에 따라 자연적으로 변화하면서 열을 방출해요. 그래서 지구가 형성되면서, 암석과 금속, 얼음 조각들이 뭉쳐져 행성을 만드는 강한 결합작용에 따라 열과 방사능은 금속을 녹이기에 충분했어요.

중앙의 가장 강렬한 열은 행성 곳곳으로 퍼져나갔고 지금도 계속 진행되고 있답니다. 초기 지구는 가운데부터 녹기 시작하면서, 핵 안에 있는 물질들은 더 활발하게 움직이게 되었지요.

바삭바삭한 지각층

지구는 중앙에서부터 가열되긴 했지만 지각층 바깥쪽은 대기 공간에 의해 점차 차가워졌어요. 표면이 딱딱하게 굳어져 단단한 암석이 되었어요. 그럼에도 지구는 여전히 자주 소행성들과 충돌하면서 지각이 깨지거나 녹으면서 부서졌어요. 아래에서는 뜨거운 마그마가 지표면을 뚫고 나와 암석 표면을 녹였어요. 이제, 마그마는 맨틀이라고 불리는 반쯤 녹은 뜨거운 암석층을 형성해요. 마그마가 화산을 뚫고 나올 때는 '용암'이라고 불러요.

딱딱한 지각

맨틀

매우 뜨거운 금속 핵

초기 지구

달의 탄생 기원

지구는 초창기 끔찍한 사고를 겪었어요. 화성 크기의 작은 행성과 충돌했거든요. 바로 그 행성이 '테이아'예요. 그 충돌로 인하여 테이아는 완전히 파괴되었고, 지구는 많은 손상을 입게 되었는데, 여기에서 달이 탄생하게 되었지요.

테이아

지구

테이아 행성의 짧은 수명

테이아 역시 지구처럼 우주에서 작은 암석과 먼지 덩어리가 결합하는 과정에서 형성되었어요. 불행히도 태양 주위를 도는 테이아의 궤도가 지구 궤도의 경로와 교차되면서 충돌이 일어날 수밖에 없었어요. 태양계가 형성된 지 약 1억년 후인, 45억에서 44억년 전에 충돌이 일어났어요. 충돌은 매우 격렬해서 두 행성의 암석은 즉시 끓는점까지 가열되면서 우주의 성운으로 증발되었답니다. 지구의 많은 부분이 우주로 날아가고 테이아는 산산조각이 났어요. 지구 표면의 대부분이 녹았는데, 아마 수천 마일 깊은 곳까지 녹았을 거예요.

달의 내부를 살펴봐요

달은 지구와 테이아의 혼합물로 만들어지긴 했지만, 지구에서 온 물질은 대부분 암석 맨틀에서 비롯되었어요. 그 결과, 달은 테이아에서 온 것으로 추정되는 작은 금속 핵만을 가지고 있어요. 지구와 달리, 달은 표면에 액체 상태의 물이 없으며 대기조차도 없답니다.

어떻게 알게 되었을까요?

1960년대와 1970년대의 달 탐사선인 아폴로 11호는 과학자들이 조사한 달의 암석 조각들을 수집했어요. 이 조각들은 달의 암석이 지구의 암석과 비슷하지만, 정확히 같지는 않다는 사실을 보여줘요. 달을 구성하는 물질의 절반에서 90% 가량은 테이아에서 온 것이며 나머지는 지구에서 왔을 가능성이 많기 때문이죠.

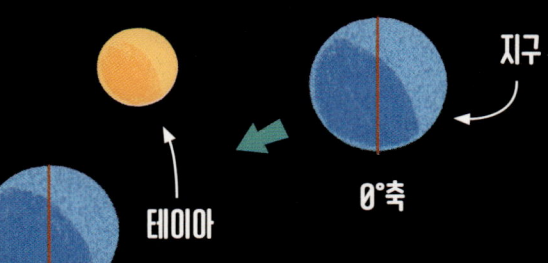

지구
0°축
테이아

암석, 먼지구름에서 달이 탄생하기까지

암석 가스가 식으면서, 그것은 단단한 암석 덩어리를 형성했어요. 이들 중 일부는 지구로 떨어져 녹아내리면서 지표면에 섞여 천천히 냉각되고 다시 응고되면서 행성의 일부가 되기도 했답니다. 그러나 테이아 암석의 대부분은 지구 궤도에 머물렀어요. 한동안 파편 구름이 지구를 빙빙 돌았고, 작은 덩어리들은 충돌하기도 하고 다시 뭉쳐지게 되었어요. 결국, 모든 덩어리가 하나의 몸체를 형성하면서 달이 되었답니다. 지구의 중력이 달을 끌어당기면서 둥글게 변하기 시작했어요. 그 충돌로 인해 지구의 축이 더 이상 직립하지 않고 기울어지게 되었어요.

지구와 충돌하는 테이아

파편들

현재 지구의 축은 23° 기울어짐

지구의 궤도를 도는 잔해

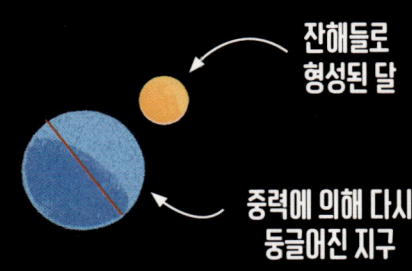

잔해들로 형성된 달

중력에 의해 다시 둥글어진 지구

안정궤도를 되찾았어요

달이 지구의 궤도를 따라 돌면서, 달과 지구는 안정된 상태로 자리 잡았어요. 지구는 테이아와의 충돌로 인해 막대한 피해를 입었기 때문에 일정한 거리를 유지해야 했어요.

점점 멀어져요

달은 지금보다 지구와 훨씬 더 가까운 거리인 24,000~32,000km 떨어진 곳에서 시작했어요. 그것은 하늘에서 지금보다 15배는 더 크게 보였고 녹아내린 암석 표면으로 붉고 빛나게 보였을 거예요. 달은 현재 384,400km 떨어져 있는데, 이는 지구 지름의 30배에 달하는 거리죠. 달은 1년에 3.8cm씩 지구로부터 여전히 멀어지고 있어요.

기우뚱한 행성의 축

지구는 매일 자전을 하고 있는데 완전히 바르게 있다거나 축이 안정적이지 않아요. 사실 지구는 41,000년 주기로 흔들려서, 북극과 남극은 이 주기로 약간 다른 쪽 하늘을 가리키게 돼요. 따라서 '북극성'이 항상 정북쪽에 있는 것은 아니에요.

궤도가 항상 똑같아요

달은 지구와 주기적으로 고정되어 있는 궤도에 안착했어요. 이는 지구를 향해 있는 달의 면이 항상 같다는 것을 의미해요. 달의 뒷면은 1959년 우주에서 처음 찍혔는데, 달이 27일에 한 번 자전하면서 지구의 날짜로 환산하면 27.3일의 '문 데이'가 되는 때에 찍힌 거예요. 이 시간은 달이 지구 주위를 공전하는 시간과 똑같아요.

정상궤도로 돌아오기

반쯤 녹은 지구는 중력에 의해 다시 구 모양으로 당겨졌고, 표면은 식으면서 다시 서서히 굳어졌어요. 그러나 지구의 중심축은 테이아와의 충돌로 밀려났어요. 북극과 남극은 원래 위아래를 차지하고 있었지만, 충돌로 수직축이 밀려났기 때문에 지구는 지금도 여전히 23° 기울어져 있죠. 이러한 기울기 덕분에 지구는 계절을 갖게 되었어요. 즉, 태양쪽으로 기울어진 반구는 낮이 길기 때문에 점점 따뜻해지며, 여름이 돼요. 기울어진 다른 반쪽은 더 시원해지면서, 북반구가 여름이면 남반구는 겨울이고, 남반구가 여름이면 북반구가 겨울이 돼요.

가을 / 봄

겨울

여름

태양

여름

겨울

23° 기울어짐

봄 / 가을

우주에서의 총알배송

초기 태양계의 수많은 물질들이 모여 행성을 형성하긴 했지만, 우주 공간에는 꽤 많은 물질들이 남아 있었어요. 이것은 덩어리를 이루어 태양을 돌며 이따금 다른 물체들과 충돌했어요. 아직도 남아있는 덩어리들(유성-별똥별)은 여전히 행성들 주변을 떠다니고 있답니다.

태양계 탄생의 유물: 소행성

소행성은 45억년 동안 변하지 않은 암석과 먼지와 얼음 덩어리들이에요. 우리는 그것들을 보고, 태양계를 형성한 물질에 대해 배울 수 있죠. 소행성대에 있는 태양과 가장 가까운 것들은 대부분 얼음과 함께 암석으로 이루어져 있어요. 태양에서 가장 멀리 떨어진 카이퍼 벨트에 속한 것들은 얼음이 더 많고 암석 먼지를 덜 함유하고 있어요. 그것들은 태양에 충분히 가까워지면 혜성의 모습을 띠게 되는데, 열이 얼음을 녹여 길게 이어지는 빛나는 꼬리를 만들기 때문이에요.

부딪치는 시기

소행성과 더 작은 유성체는 때때로 서로 충돌하거나 행성이나 달과 충돌해요. 그들은 항상 그래왔고, 지금도 그래요. 과거에는 소행성이 더 많았기 때문에 충돌이 더 잦았고, 일부는 이러한 충돌로 파괴된 채로 떠돌고 있답니다. 분화구가 많은 달의 표면을 보면 얼마나 많은 충돌이 있었는지 잘 알 수 있어요. 일부 분화구는 아래에서 올라온 용암으로 채워져 있지만, 여전히 눈에 보이는 분화구들이 많으며, 작은 분화구를 포함하고 있는 분화구도 많아요.

달의 분화구

소행성

지구 역시 많은 소행성들과 충돌했지만, 분화구가 남아 있기에는 표면이 너무 빠르게 변화했어요. 달을 탄생시킨 것만큼의 치명적인 충돌은 거의 없었어요.
초기 지구에 충돌한 소행성들은 행성 표면의 일부를 녹였고, 지각과 맨틀로 흡수되기도 했어요. 그들은 암석, 가스, 물을 포함한 여러 물질들을 지구로 가져왔어요.

퉁가누스카 운석

1908년, 러시아의 퉁가누스카 상공에서 폭발이 일어나 2,000 평방킬로미터의 면적에 걸쳐 약 8천만 그루의 나무가 쓰러졌어요. 이 폭발은 약 100m 지름의 소행성이 대기권에서 불타면서 발생한 것으로 추정되는데, 그것은 수백 개의 원자폭탄이 터진 것처럼 폭발했어요. 다행히도, 폭발은 사람이 살지 않는 지역에서 일어났어요.

혜성

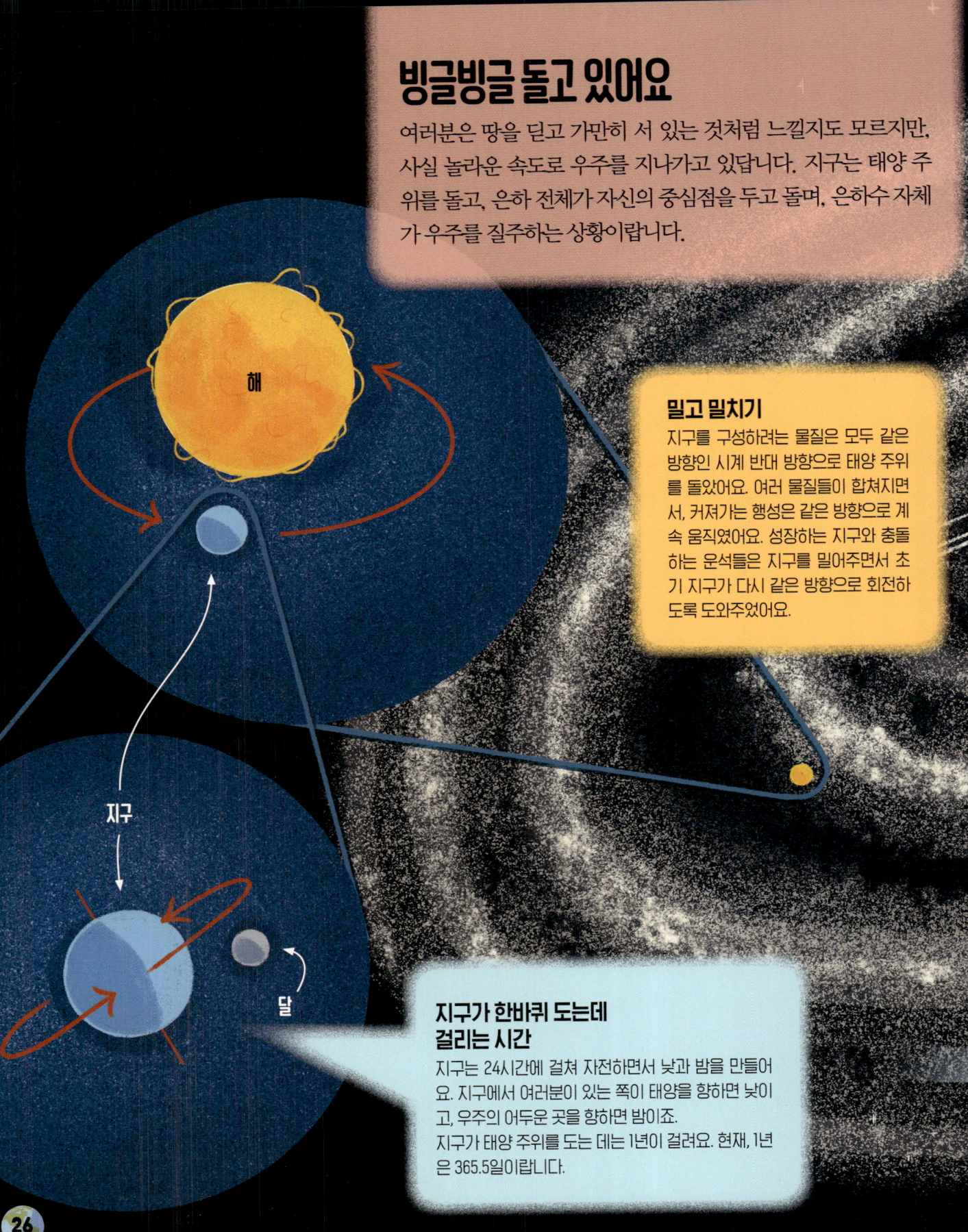

빙글빙글 돌고 있어요

여러분은 땅을 딛고 가만히 서 있는 것처럼 느낄지도 모르지만, 사실 놀라운 속도로 우주를 지나가고 있답니다. 지구는 태양 주위를 돌고, 은하 전체가 자신의 중심점을 두고 돌며, 은하수 자체가 우주를 질주하는 상황이랍니다.

밀고 밀치기

지구를 구성하려는 물질은 모두 같은 방향인 시계 반대 방향으로 태양 주위를 돌았어요. 여러 물질들이 합쳐지면서, 커져가는 행성은 같은 방향으로 계속 움직였어요. 성장하는 지구와 충돌하는 운석들은 지구를 밀어주면서 초기 지구가 다시 같은 방향으로 회전하도록 도와주었어요.

지구가 한바퀴 도는데 걸리는 시간

지구는 24시간에 걸쳐 자전하면서 낮과 밤을 만들어요. 지구에서 여러분이 있는 쪽이 태양을 향하면 낮이고, 우주의 어두운 곳을 향하면 밤이죠.
지구가 태양 주위를 도는 데는 1년이 걸려요. 현재, 1년은 365.5일이랍니다.

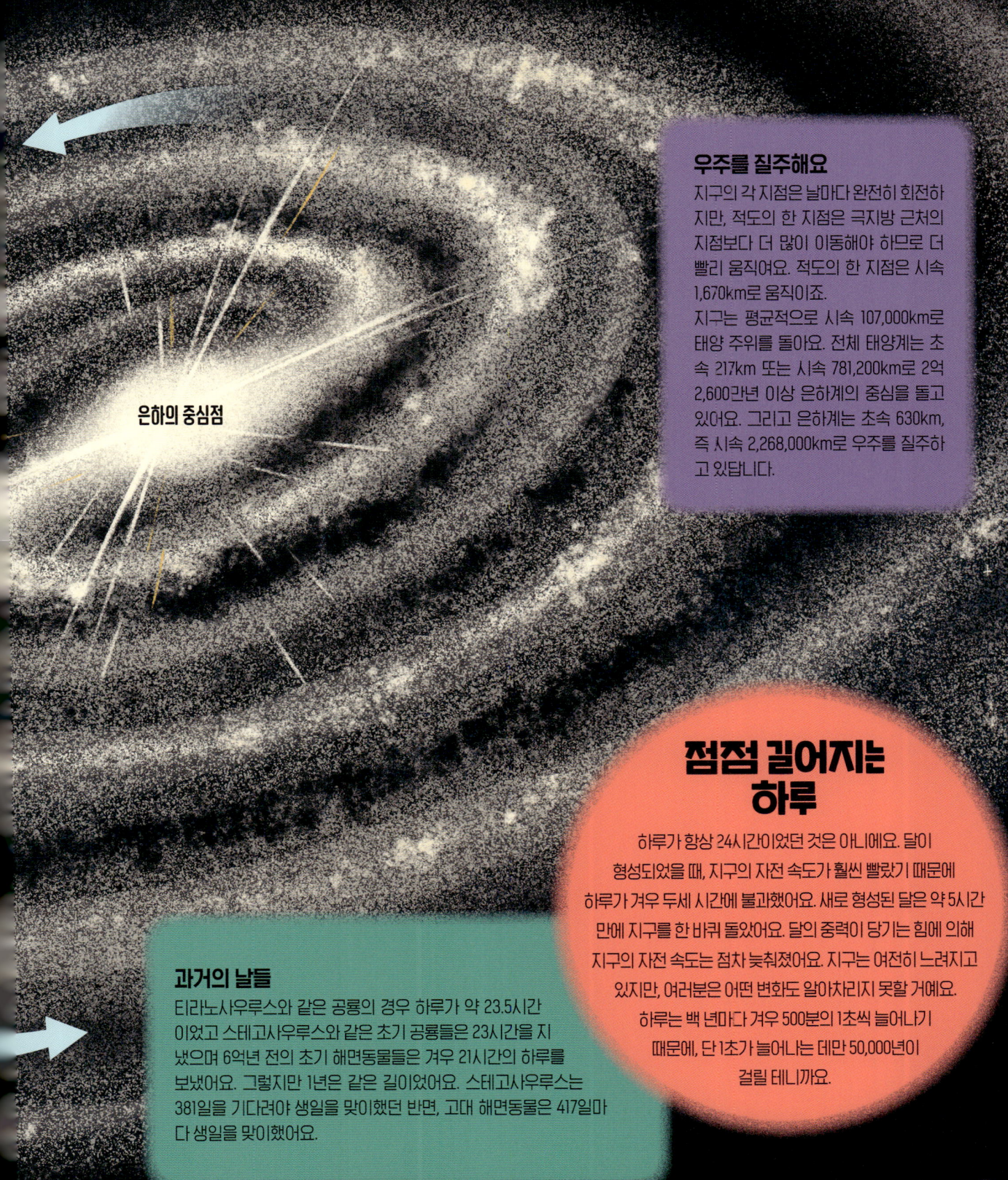

은하의 중심점

우주를 질주해요

지구의 각 지점은 날마다 완전히 회전하지만, 적도의 한 지점은 극지방 근처의 지점보다 더 많이 이동해야 하므로 더 빨리 움직여요. 적도의 한 지점은 시속 1,670km로 움직이죠.

지구는 평균적으로 시속 107,000km로 태양 주위를 돌아요. 전체 태양계는 초속 217km 또는 시속 781,200km로 2억 2,600만년 이상 은하계의 중심을 돌고 있어요. 그리고 은하계는 초속 630km, 즉 시속 2,268,000km로 우주를 질주하고 있답니다.

점점 길어지는 하루

하루가 항상 24시간이었던 것은 아니에요. 달이 형성되었을 때, 지구의 자전 속도가 훨씬 빨랐기 때문에 하루가 겨우 두세 시간에 불과했어요. 새로 형성된 달은 약 5시간 만에 지구를 한 바퀴 돌았어요. 달의 중력이 당기는 힘에 의해 지구의 자전 속도는 점차 늦춰졌어요. 지구는 여전히 느려지고 있지만, 여러분은 어떤 변화도 알아차리지 못할 거예요. 하루는 백 년마다 겨우 500분의 1초씩 늘어나기 때문에, 단 1초가 늘어나는 데만 50,000년이 걸릴 테니까요.

과거의 날들

티라노사우루스와 같은 공룡의 경우 하루가 약 23.5시간이었고 스테고사우루스와 같은 초기 공룡들은 23시간을 지냈으며 6억년 전의 초기 해면동물들은 겨우 21시간의 하루를 보냈어요. 그렇지만 1년은 같은 길이였어요. 스테고사우루스는 381일을 기다려야 생일을 맞이했던 반면, 고대 해면동물은 417일마다 생일을 맞이했어요.

2장 푸른별 지구 행성의 유래와 기원

지구가 태양 주위를 도는 궤도에 안착하고 동반자인 달이 지구 주위를 돌면서, 지구는 우리가 알고 있는 행성이 되기에 이르렀어요. 이후 1억 년에 걸쳐 이 행성은 단단한 암석 표면, 대양의 바닷물, 가스가 풍부한 대기를 얻게 되었을 거예요. 그것은 역동적이고 끊임없이 변화하는 새로운 행성이었으며, 곧 '생명체의 출현'이라는 가장 큰 변화를 맞이할 준비를 갖추기 시작했어요. 무엇보다도 지구는 혼란스럽고 격동적인 초창기에 안정을 찾을 필요가 있었어요.

행성의 구성 요소

모든 물질은 자연적으로 발생하는 98개의 화학 원소로 이루어져 있어요. 그것들은 다른 모든 화학물질의 기본 성분이에요. 자연 원소 중 10개는 매우 희귀하거나 잠깐만 존재하기 때문에 대부분의 물질은 단지 88개의 원소로만 이루어져 있어요. 추가로 20개의 원소가 실험실에서 만들어졌지만 자연에서는 아직 발견되지 않았어요.

원자와 분자

원자는 물질의 가장 작은 입자예요. 각각의 원소는 다른 모든 원소와 구별되는 뚜렷한 원자의 구조를 갖고 있어요. 대부분의 원자는 정해진 방식으로 다른 원자와 결합할 수 있어요. 두 개 이상의 원자가 서로 결합해서 분자를 만들어요.

원자
분자
화합물
혼합물

어떤 원자들은 단순한 분자를 만들기 위해 대체로 같은 유형의 다른 원자와 짝을 지어요. 예를 들어, 수소와 질소와 산소는 모두 이런 식으로 짝을 이루어 두 개의 수소 원자, 두 개의 질소 원자, 두 개의 산소 원자를 가진 분자를 만들어요. 이러한 분자들은 한 종류의 원자만을 포함하고 있기 때문에 여전히 원소라고 할 수 있어요.

다른 원소의 원자들이 결합하여 분자를 만들 경우, 이 새로운 물질을 화합물이라고 해요. 화합물은 포함하고 있는 원소들과 완전히 달라요. 예를 들어, 물은 수소와 산소로 이루어져 있죠. 이러한 원소들은 상온에서 기체이지만 물은 액체예요. 화합물은 원래의 원소로 되돌리기 위해 분해될 수 있어요. 혼합물은 다른 화학물질을 갖고 있지만 결합되어 있지는 않아요.

지구는 무엇으로 만들어졌을까?

무게로 따지면, 지구는 거의 3분의 1이 철이고 3분의 1이 산소예요. 나머지 대부분은 규소와 마그네슘이며 9%가 다른 원소들로 구성되어 있어요. 다른 원소들은 각기 다른 층에 분포해요. 지각은 대부분 규산염 암석으로, 규소와 산소로 이루어져 있어요. 그러나 핵은 대부분 철과 니켈로 이루어졌죠. 중심핵은 행성 전체 질량의 3분의 1 정도를 차지해요.

물질의 상태

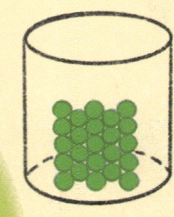  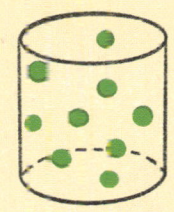

고체   액체   기체

고체 상태에서는 입자들이 거의 움직이지 않고 고정된 형태로 서로 가까이 붙어 있어요.

액체 상태에서, 입자들은 더 멀리 떨어져 있으며 더욱 자유롭게 움직일 수 있어요. 엎질러진 액체는 금방 퍼져요.

기체 상태에서 입자들은 넓은 간격을 두고 자유롭게 움직여요. 기체는 사용 가능한 공간을 빠르게 채워요.

혼합할 수도 있어요

혼합물은 원소나 화합물을 물리적으로 섞은 거예요. 그 물질의 입자들은 서로 붙지 않아요. 쇳가루와 얇은 구리조각들의 혼합은 원소의 혼합물이에요. 소금과 모래의 혼합물은 화합물의 혼합물이에요. 여러분이 자석을 이용해서 구리조각에서 쇳가루를 분리할 수 있고, 뜨거운 물을 부어 소금을 녹인 뒤 모래를 걸러내 소금과 모래를 분리할 수 있어요.

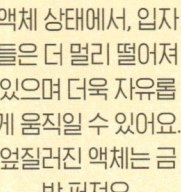

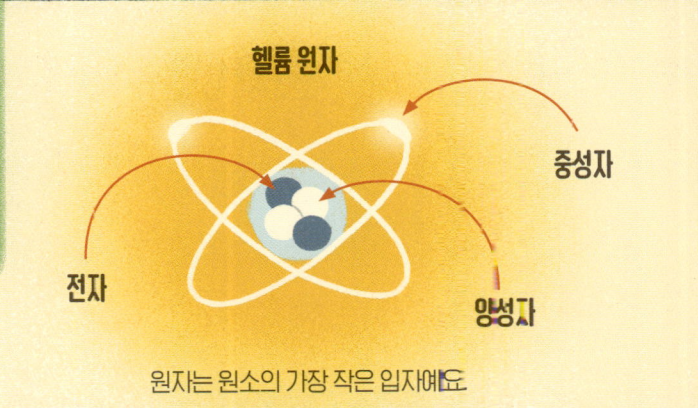

헬륨 원자 / 중성자 / 전자 / 양성자

원자는 원소의 가장 작은 입자예요

모든 물질은 원소나 화합물이나 혼합물일 수 있어요.

금덩어리 (원소)

물 (화합물)

우유 (다양한 화합물의 혼합물)

견고한 땅덩어리

지구의 역사 초기에, 중심핵은 지금보다 더 뜨거웠어요. 테이아와의 충돌로 인해 물질이 안으로 가라앉으면서 마찰로 인한 강착으로 열이 발생했어요. 중심핵에 있는 원소의 방사성 붕괴로 인해 더 많은 열이 발생했어요. 지구는 내부가 여전히 매우 뜨거워요.

액체와 고체 암석

시간이 지나면서, 지구는 우주로 열을 서서히 방출하기 시작했어요. 매섭게 차가운 우주에 노출된 지각은 일찍 굳기 시작했어요.

다른 종류의 암석은 각기 다른 온도에서 녹아요. 지구 표면에서 가장 먼저 굳어진 암석은 녹는점이 가장 높은 암석이었을 거예요. 암석들은 또한 각기 다른 밀도를 가지고 있어요. 밀도는 단위 부피당 질량을 말해요. 밀도가 높은 물질은 같은 부피의 밀도가 낮은 물질보다 더 무겁기 때문에, 예를 들면 돌은 나무보다 밀도가 높아요. 가장 밀도가 낮은 암석들은 지구의 마그마 바다의 꼭대기인 지표면 위로 떠올라서 자신을 식힐 수 있어요.

그러나 차가운 바위는 뜨거운 바위보다 밀도가 높기 때문에 떠다니던 바위의 일부는 가라앉아 다시금 녹아요. 더 차가운 암석이 마그마 바다로 다시 가라앉아, 가열되어, 녹아서 다시 떠오르면서 암석의 지속적인 순환이 이루어져요. 뜨거운 마그마 위에는 가장 가벼운 단단한 암석 조각들만이 떠 있어요.

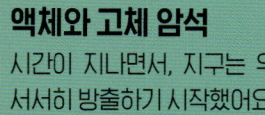

얼음은 물보다 밀도가 낮기 때문에 물에서 떠요.

가장 오래된 암석

가장 먼저 굳어진 암석은 지르콘의 결정체로, 약 2,550 °C(4,600 °F)에서 녹아요. 지르콘의 결정체 몇 개가 지구 표면에 남은 최초의 조각들 전부랍니다. 가장 오래된 결정체는 44억년 전에 형성되었으며 호주에서 발견되었어요.

녹은 암석의 바다에 있는 섬들

약 40억년 전에, 지구는 그 암석 조각들이 마그마 위에 섬처럼 떠 있을 정도로 충분히 냉각되었어요. 암석 조각들은 천천히 움직이며 이따금 충돌하거나 함께 붙기도 했어요. 그들 사이의 더 많은 암석들이 굳어 그들을 단단히 접착시켰어요. 이런 식으로 커져가는 지속적인 암석 조각들이 후기 대륙의 뿌리인 크라톤이 되었어요.

새로 형성된 암석 또한 크라톤 아래에서 냉각되어 굳어지며 크라톤을 더 두껍게 만들면서, 맨틀 안으로 수백 마일에 달하는 깊은 용돌이나 뿌리를 갖게 했어요. 그러나 이러한 암석 섬들은 그렇게 크게 자라지는 않은 것 같아요. 현재 대륙 각석의 10분의 1 미만이 30억년 전에 형성된 크라톤으로 이루어져 있어요.

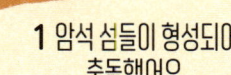

1 암석 섬들이 형성되어 충돌했어요.

2 원시 대륙은 이러한 덩어리 그룹들이 결합하면서 형성되었어요.

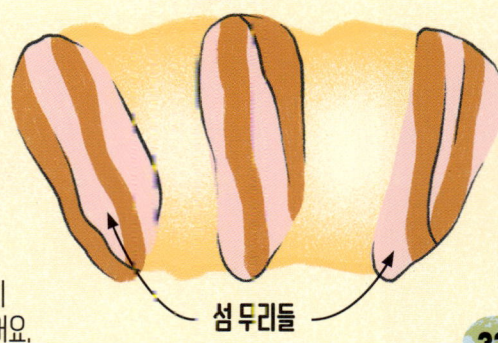

3 그들은 함께 합쳐져 더 큰 덩어리를 이루었어요.

섬 두리들

백만년 만의 폭풍우

지구는 서서히 뜨거운 마그마로 들끓는 바다에서 물이 풍부한 행성으로 변모했어요. 행성의 광활한 바다는 바위의 섬들로 가득 차 있었어요. 아마도 42억년 전 그리고 정확히 38억년 전, 지구는 물의 세계였어요.

초기의 지구에는 큰 바다인 대양들이 생겨났어요.

지구 내부에서 생성되는 물

지구의 마그마는 기화된 물과 이산화탄소를 포함한 혼합 가스를 포함하고 있어요. 이것들은 행성을 형성하기 위해 뭉쳐진 먼지와 덩어리들의 표면에 달라붙어 있었지요. 덩어리들이 녹자, 가스들은 뜨겁게 녹은 암석에 갇혀 용해되었어요. 형성 중인 행성으로 낙하했던 소행성들에 더 많은 것들이 달라붙었어요. 뜨거운 마그마가 표면으로 떠오르자, 이러한 가스들이 끓는 물이나 수프에 떠오르는 거품처럼 빠져나갔어요.

바다의 물은 극지방에서 달이 지구 주위를 공전하는 가운데 달의 인력으로 인하여 적도를 향해 끌어당겨져요.

그것은 달과 지구 사이에 그려진 가상의 선을 따라 지구의 '허리'에 두 개의 돌출부로 쌓이는 경향이 있는데, 하나는 달에서 가장 가까운 쪽에 그리고 다른 하나는 반대쪽에 쌓이는 경향이 있어요. 지구는 물이 부푼 부분 아래에서 회전하며, 각 지역은 처음에는 하나의 물 돌출부, 그 다음엔 다른 돌출부 아래로 와요. 이로 인해 하루에 두 번의 만조가 생겨나요.

밀물과 썰물

애초부터 바다는 조수를 가지고 있었어요. 조수는 주로 달의 인력에 의해 발생해요. 달이 지구와 더 가까이 있었기 때문에, 초기 바다의 조수는 오늘날의 조수보다 훨씬 더 강력했어요.

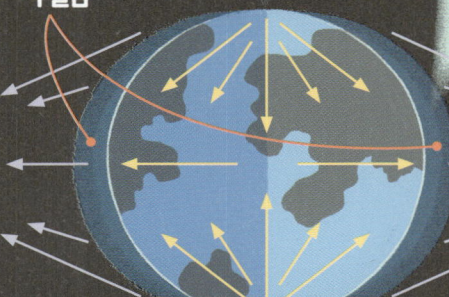

조석 부풀음

달에서 끌어당김

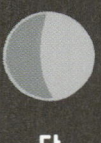

달

지구

태양의 인력은 조수를 증가시켜요. 태양과 달이 일렬로 서 있을 때, 극도로 강력한 조수가 생겨요. 태양과 달이 지구를 사이에 두고 맞은편에 있으면, 태양은 달의 영향을 일부 상쇄시켜 조수를 약하게 만들어요.

물의 세상, 오션 월드

처음에는 물이 기체였지만 식으면서 구름으로 응축돼 비처럼 떨어졌어요. 탈 정도로 뜨거운 마그마 위로 떨어지면 '쉬익' 하고 끓어올랐다가 다시 증발했지만, 차가운 암석에 떨어지면 물구덩이나 웅덩이를 이루었어요. 그것은 소행성 충돌로 만들어진 분화구를 채웠으며 차가워진 모든 암석 위로 쏟아졌어요. 수백만 년 간 끊임없이 내린 비는 결국 지구의 표면을 대양으로 뒤덮었고, 그것이 현재 우리가 보는 지구의 모습이에요.

염분이 있는 바다

바다는 일찍부터 짜게 형성되었어요. 산성비와 바닷물에 의해 바위에서 녹아내린 화학물질들이 바다로 흘러들었는데, 거기에는 소금의 나트륨과 염소 성분도 있었어요. 이제, 염분이 첨가된 속도와 거의 같은 속도로 식물과 동물들이 소금을 제거하게 되므로 바다는 더 짜지지 않아요.

마실 수 없는 공기

마그마에서 빠져나온 기체는 물뿐만이 아니었어요. 이산화탄소도 많이 있었어요. 이러한 물질들이 지구의 대기를 만들었지만, 이것이 지구의 첫 번째 대기는 아니었어요. 초기의 대기는 현재의 공기와 전혀 달랐으며, 우리는 그것을 전혀 들이마실 수 없었을 거예요.

허무하게 사라지다

첫 번째 대기는 태양과 가스 행성인 목성과 토성을 이루고 있던 수소와 헬륨 가스로 구성되어 있었어요.

이 최초의 대기는 태양이 여전히 타오르고 있는 동안 지구의 녹은 표면 위로 얇은 담요와 같은 층을 이루고 있었어요. 그러나 수소와 헬륨은 매우 가벼운 기체예요. 지구의 핵이 형성되기도 전에, 이 기체들은 태양풍에 의해 끌어당겨져 우주로 사라졌어요.

달

다시 시도하기

두 번째 대기는 내부에서 비롯되었어요. 마그마에 녹아든 기체에서 거품이 끓어오르며 안에서 일어난 화학 반응에 의해 방출된 거예요. 새로운 대기는 대부분 기화된 물과 이산화탄소였고, 암모니아나 메탄 같은 다른 가스들도 일부분을 차지했어요.

물이 응축돼 비로 떨어지면서 남은 것은 대부분 이산화탄소였어요. 오늘날 금성과 화성의 대기는 이산화탄소가 풍부하며 초기 지구의 대기와 비슷할 수 있어요. 지구 내부의 가스와 물은 분출하는 화산에서 여전히 쏟아져 나와요. 굳어진 용암 덩어리는 구멍이 숭숭 뚫려 있고 스펀지와 같은 질감으로 가벼운 경우가 많아요. 이러한 구멍들은 이제는 대기 중으로 빠져나간 기포가 있던 자리였어요.

공기의 변화

지구상에 최초로 나타난 생물들은 메타노젠이라고 불리는 미생물의 한 종류였어요. 그들은 대기 중의 이산화탄소를 일부 분해하여 만든 탄소와 수소의 화합물인 메탄을 생산해냈어요. 메탄은 강력한 온실가스이기 때문에 메탄이 공기에 추가된 상황은 초기 지구를 따뜻하게 유지하는 데 도움이 되었어요.

처음부터 푸른 하늘이었을까?

우리는 초기 지구가 어떻게 생겼는지 정확히 알지 못해요. 하늘이 주황색으로 물들어 있는 그림들이 많은데, 대기 중의 먼지 결합물, 노란 유황 입자를 운반하는 구름, 흐르는 용암의 주황색과 붉은색을 반사하는 구름 등이 어우러져 하늘을 누런빛이 도는 주황색으로 보이게 했을 거예요. 용암이 분출되지 않는 맑은 날에는 하늘이 지금처럼 푸르게 물들었을 수도 있어요.

겹겹이 이루어진 층

물과 암석으로 된 표면 위에 가스가 풍부한 대기로, 지구는 지금과 같은 기본적인 형태를 이루었어요. 내부는 두꺼운 마그마 맨틀로 둘러싸인 금속 핵이 있는 모습으로, 여러 층으로 나뉘어져 있었어요.

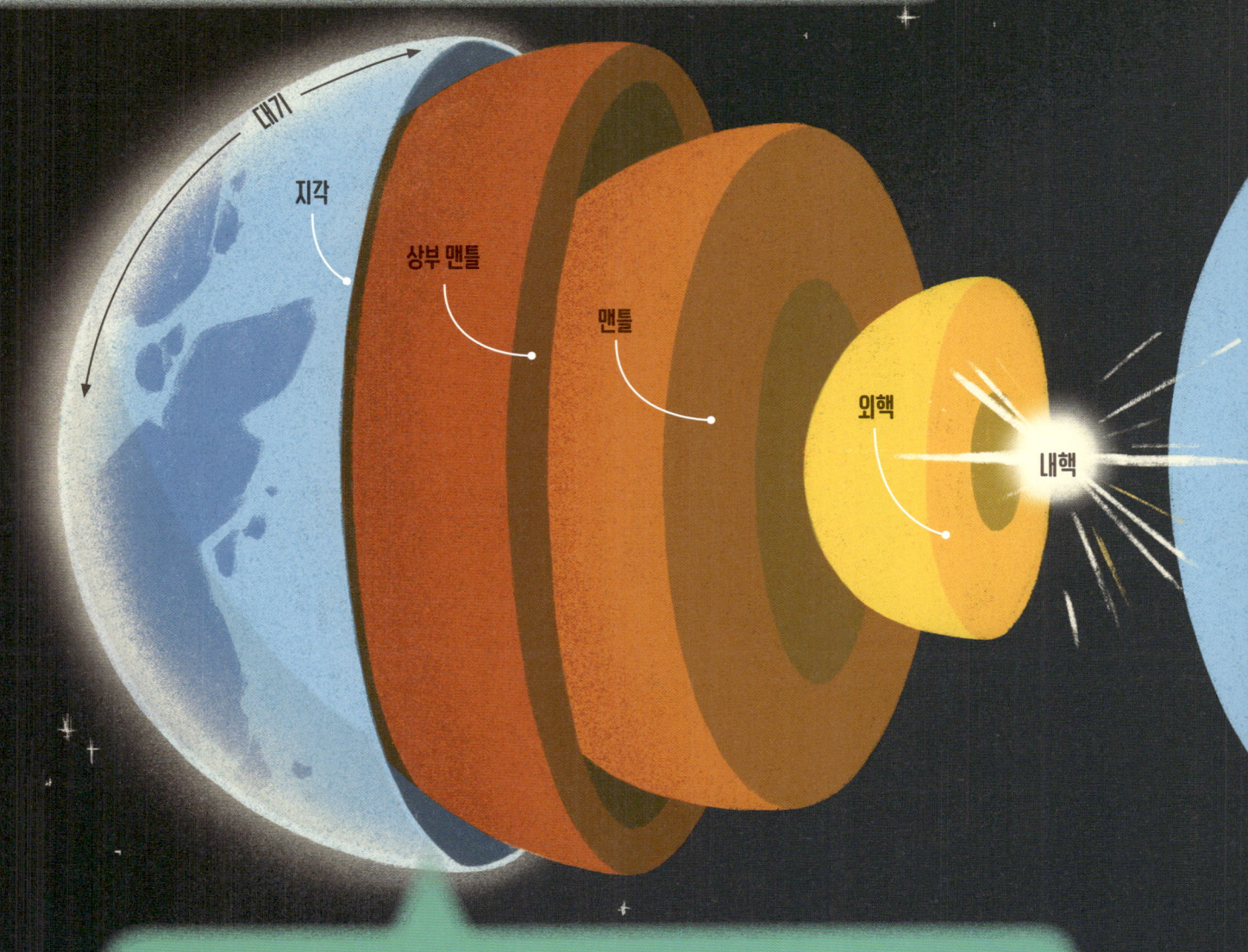

얇은 지각

우리는 지구의 지각, 즉 표면을 형성하는 암석이 있고 물이 범람하는 얇은 층에 살아요. 지각은 안정적이지 않고 정지되어 있지도 않지만, 아래에서 벌어지는 작용에 의해 움직이고 변화해요.

지각은 대양 아래가 가장 얇은데, 어떤 곳은 두께가 단지 5km에 불과해요. 산 아래가 가장 두꺼우며, 두께가 70km에 이르기도 해요. 지각을 이루는 것은 다양한 장소에 있는 각기 다른 암석의 종류에 따라 다양해요. 대륙의 지각은 화강암을 많이 포함하고 있지만 해양 지각(바다 아래)은 대부분 현무암이에요.

뜨거운 암석

지각 아래의 맨틀은 2,900km 두께의 마그마 층이에요. 그것은 지구 부피의 80% 이상을 차지해요. 이 뜨거운 암석은 도로포장용 타르나 서서히 다가오는 빙하처럼 매우 느리게 움직여요. 지구는 중심부가 가장 뜨겁기 때문에 맨틀의 하부가 상부보다 더 뜨거워요. 뜨거운 암석은 바닥에서 천천히 올라오는 반면, 밀도가 높고 차가운 암석은 빈 공간을 대체하기 위해 아래로 떨어져요. 열이 올라 다시 뜨거워진 암석은 상승하기 시작하는 반면, 표면으로 이동한 암석은 식어서 다시 아래로 가라앉는 식으로 끝없이 반복돼요.
이러한 일은 마그마가 매우 두껍기 때문에 매우 천천히 발생해요. 어떤 마그마라도 가열과 냉각, 상승과 하락의 완전한 주기를 만드는 데 수백만 년이 걸려요. 마그마의 움직임은 맨틀에 대류 순환(운동)을 만들어요. 맨틀 상부 근처의 마그마가 움직이면서, 마그마는 지각의 일부를 운반해 매우 긴 기간에 걸쳐 먼 거리를 이동시켜요.

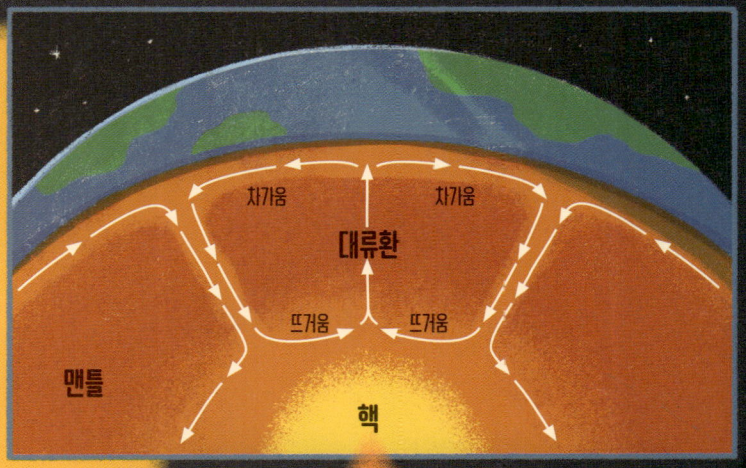

내부 깊은 곳

맨틀 아래에는 주로 철과 니켈로 이루어진 핵이 있어요. 외핵은 2,400km의 두께예요. 그것은 액체이며 고유의 대류환을 가지고 있어요. 내핵은 고체예요. 극도로 뜨겁긴 하지만, 압력이 너무 커서 원자들이 움직이지 못해요. 심지어 내핵의 내부 핵도 있을 수 있어요.

눈으로 확인해요

대류의 흐름

만약 여러분이 끓는 물이 담긴 팬에 완두콩이 요리되는 것을 보았다면, 완두콩들이 뜨거운 물과 함께 오르락내리락하는 것을 보게 될 거예요. 완두콩은 물에서 대류의 흐름에 의해 운반되는 거예요.

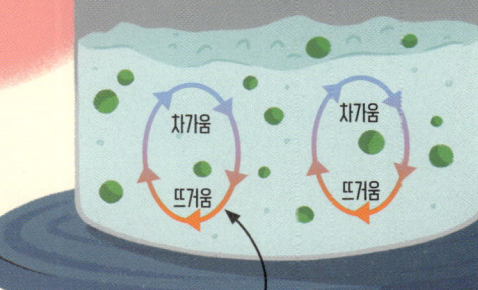

지구의 지각은 사과의 껍질처럼 매우 얇은 바깥쪽 층이에요.

암석의 생성

초기 지구에는 지금의 대륙처럼 해수면 위에 큰 암석 지역이 없었어요. 암석은 빠르게 생성되었고, 암석판은 아래에서 부글부글하는 마그마에 의해 끌려다니며 아마도 지금보다 더 빠르게 움직였을 거예요.

최초의 암석들

최초의 암석은 표면에서 냉각된 고체화된 마그마였어요. 이런 종류의 암석은 화성암이라고 불려요. 화성암은 모두 굳은 마그마나 용암으로 형성되어서 지구 맨틀 내부에서 나온 암석이라고 할 수 있어요. 예로는 화강암과 현무암이 있어요.

암석의 순환

어떤 암석도 풍화되거나 녹거나 열에 의해 변할 수 있는 것처럼, 암석은 화성암, 퇴적암, 변성암이라는 세 가지 형태로 순환될 수 있어요. 알맞은 조건이라면, 어떤 유형이든 다른 유형의 암석이 될 수 있어요.

사암

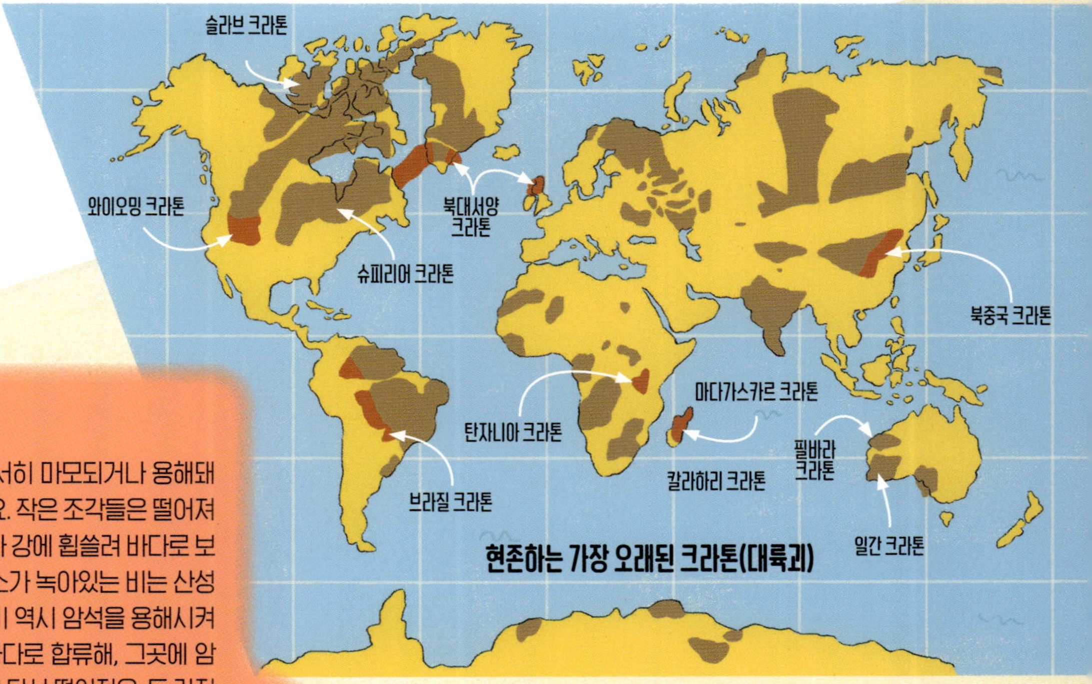

현존하는 가장 오래된 크라톤(대륙괴)

- 슬라브 크라톤
- 와이오밍 크라톤
- 슈피리어 크라톤
- 북대서양 크라톤
- 북중국 크라톤
- 마다가스카르 크라톤
- 탄자니아 크라톤
- 칼라하리 크라톤
- 필바라 크라톤
- 브라질 크라톤
- 일간 크라톤

닳아 없어져요

바람과 물에 노출된 암석은 서서히 마모되거나 용해돼요. 이것을 풍화작용이라고 해요. 작은 조각들은 떨어져 나가고, 대부분은 씻겨 나가거나 강에 휩쓸려 바다로 보내져 해저에 쌓여요. 이산화탄소가 녹아있는 비는 산성이에요. 암석에 떨어지는 산성비 역시 암석을 용해시켜요. 용해된 암석이 있는 물은 바다로 합류해, 그곳에 암석의 일부들이 미세한 알갱이로 다시 떨어져요. 두 가지 유형의 풍화작용은 땅이나 해저의 단단한 암석 위에 쌓이는 미세한 입자인 퇴적물을 만들어요.

여러 암석의 형성

수백만 년에 걸쳐 퇴적물이 쌓이고 아래층을 짓누르고 달구어서, 퇴적 더미의 아래에 있는 물질이 결국 퇴적암이라고 불리는 새로운 종류의 암석이 돼요. 현재는, 죽은 유기체들이나 그들의 노폐물이 퇴적물에 더해지지만, 지구의 초기에는 퇴적암이 단지 풍화되어 변화된 암석으로만 만들어졌어요. 예를 들면, 모래로 만들어진 암석인 사암이 있어요.

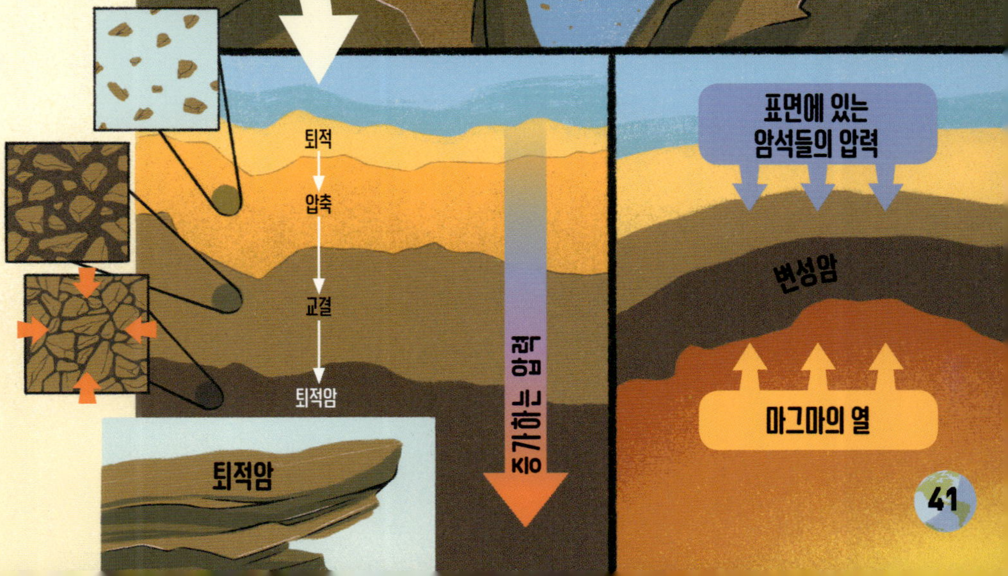

풍화작용

퇴적물

모든 것이 변해요

화성암이나 퇴적암이 가열되었지만 녹지는 않고, 구조가 바뀌어서 변성암이라고 불리는 세 번째 형태의 암석을 만들 수 있어요. 이것은 암석이 위에서 짓눌리고 아래에서 가열되어 형성이 돼요. 예를 들면 대리석과 편마암이 있어요.

퇴적
압축
교결
퇴적암

표면에 있는 암석들의 압력

변성암

마그마의 열

퇴적암

자성을 띤 지구

지구의 자기장은 멀리 우주까지 펼쳐지는 거대한 자석처럼 작용해요. 이러한 이유로, 자유롭게 움직이는 철침이 지구의 남북 축을 따라 나란히 가리키게 돼요. 이것이 방향을 찾는 데 도움을 주는 자기 나침반의 기초 원리랍니다.

지구 전체가 자석

지구에서 가장 뜨거운 부분은 내핵이에요. 이것은 외핵의 액체금속을 가열하여 맨틀에 있는 대류와 같은 흐름을 만들어요. 뜨거운 금속은 외핵을 통해 상승하고 더 차갑고 밀도가 높은 녹은 금속은 하강해요.

외핵에 있는 철과 니켈은 전기를 전도하고, 움직이면서 자기장을 만들어요. 그것은 오히려 지구 깊숙한 곳에 있는 거대한 막대자석과 비슷하지만, 북극 남극을 가리키는 방향과 완전히 나란히 있지는 않아요. 자기의 극은 지리적인 극과 약 11° 차이가 나요.

귀소본능이 있는 비둘기

자기 네비게이터

인간들만 지구의 자기장(나침반)을 이용해 항해하는 것은 아니랍니다. 철새들을 포함한 일부 다른 새들 역시 자기장을 감지해서, 기나긴 여정을 떠날 때 길을 찾기 위해 사용한답니다.

우주까지 뻗어가요

우주에서 자기장은 지구의 자위적인 자기권을 형성해요. 자기장은 태양풍의 하전 입자들을 지구 주변으로 우회시켜, 행성으로 쏟아져 내려오지 못하도록 만들어요. 자기권이 없다면, 우리의 대기와 물은 태양풍에 의해 파괴될 수도 있어요. 지구의 자기장은 적어도 35억년, 아마도 42억년 동안은 존재해왔을 거예요.

빛의 향연

태양풍과 자기장은 함께 북극과 남극 근처에 '오로라'라고 불리는 눈부신 빛의 향연을 만들어내요. 태양의 하전 입자들이 자기권에 이끌려 가속되어 대기와 충돌하면서 빛처럼 폭발하는 에너지를 방출해요. 오로라는 녹색, 분홍색, 보라색의 빛이 소용돌이치는 패턴이에요. 북극과 남극에서 항상 비슷하게 보여줘요.

극 뒤집기

거대한 자기장은 수십만 년마다 방향을 바꿔요. 이는 자성의 북이 지리적으로 북쪽에 있을 때도 있고 지리적으로 남쪽에 있을 때도 있다는 사실을 의미해요. 그것은 약 78만년 전에 마지막으로 바뀌었어요. 자기장이 곳곳에서 약해지고 있기 때문에 우리는 또 다른 변화를 향해 가고 있는지도 몰라요.

지구 자기장의 북극
지리적인 북극
23° 기울어진 지구의 축
적도
지리적인 남극
자기장의 남극

뜨겁고 차가워요

지구는 태양에 의해 가열되고, 지구 중앙에서 함께 짓눌린 물질의 압력에 의한 에너지, 그리고 방사성 물질의 붕괴에 의해 가열돼요. 지구의 초기에는 태양이 더 적은 에너지를 생산했고, 다른 두 에너지원으로부터 더 많은 에너지가 나왔어요.

뜨겁지만, 그렇게 뜨겁지는 않아요

초기에는 태양 빛이 더 어둑해서, 현재 우주로 쏟아지는 열의 3분의 2정도만 생성했어요. 다른 모든 상황이 똑같았다면 지구는 거대하게 얼어붙은 눈덩이였을 거예요. 때로는 거대한 눈덩이였을 테지만, 대개는 아니었고 40억년 전에도 그렇지 않았어요. 다른 뭔가가 지구를 따뜻하게 유지시켜 주었어요.

너무 뜨겁다고요?

너무 춥다고요?

온실효과

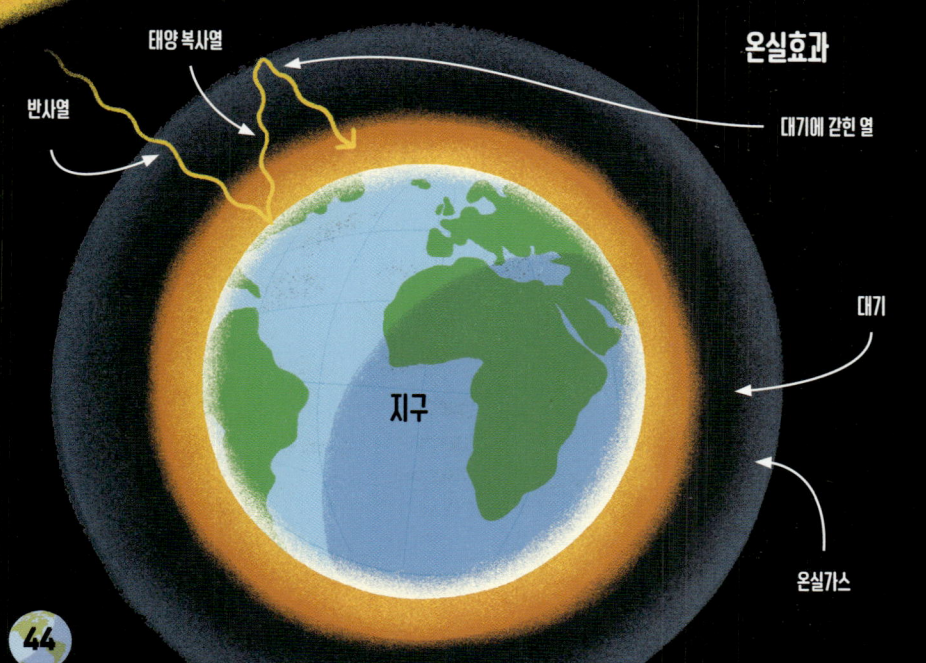

반사열 · 태양 복사열 · 대기에 갇힌 열 · 대기 · 지구 · 온실가스

금성의 표면

불안정한 붕괴

방사성 붕괴는 한 원소의 원자들이 다른 원소의 원자들로 변하는 과정이에요. 그것은 에너지를 열로 방출하고, 이것은 지구의 초기 가열의 원천 중 하나였어요.

원자는 보통 두 종류의 입자, 양성자와 중성자로 구성된 핵을 포함해요. (수소만 해도 핵 안에 양성자가 하나밖에 없어요.) 모든 원자들은 같은 수의 양성자를 가지지만, 서로 다른 수의 중성자를 가질 수 있어요. 중성자 수가 다른 원소를 동위원소라고 해요. 일부 동위원소는 불안정해요. 이들의 원자는 천천히 붕괴하면서, 갖고 있던 양성자의 수를 줄임으로써 한 원소에서 다른 원소로 변화시켜요. 만약 새로운 원자 또한 불안정하다면 다시 붕괴해요. 원자가 안정된 상태에 이르면 더 이상 붕괴하지 않을 거예요. 방사성 붕괴에서 비롯된 열은 불안정한 원자들이 이미 많이 붕괴함에 따라 꾸준히 떨어지고 있어요.

살아 있는 것에 딱 적당함

온실 속의 행성

금성은 이산화탄소 대기가 두꺼워 온실효과가 극심해요. 표면 온도는 섭씨 462°예요. 수성은 태양에 더 가까운데도 불구하고 더 추워요. 단열효과를 내는 대기가 없다면, 낮에는 섭씨 400°, 밤에는 영하 200°예요.

따뜻한 담요 작용

오래전에 지구의 대기는 많은 이산화탄소와 메탄을 포함하고 있었어요. 이 두 가스는 모두 온실가스이며, 열을 우주로 빠져나가게 하는 대신 지구 근처에 가둬둬요. 강착과 방사성 붕괴와 태양에서 나오는 열은 표면 근처에 갇혀 쌓이면서 지구를 일정하고 따뜻하게 유지시켰어요.

지구의 과거에서 더 더운 시기와 더 추운 시기는, 대기 중에 온실가스가 얼마나 많이 있는지와 모두 관련이 있어요. 더 두꺼운 온실 가스층은 지구를 더 뜨겁게 만들어요. 더 얇은 층은 열이 빠져나갈 수 있도록 놔둬 지구는 차가워져요. 이제, 인간의 활동은 온실가스를 축적해서 지구를 더욱 따뜻하게 하고 있어요.

3장

지구 생명의 시작과 첫출발

따뜻한 대기 아래의 암석과 바닷물이 있는 표면을 가진, 초기 지구는 최초의 생명체를 맞이할 준비가 되어 있었어요. 과학자들조차 생명체가 언제 어떻게 처음 시작되었는지 확신하지는 못해요. 만약 달이 극렬한 방식으로 형성되기 전에 생명체가 시작되었다면, 소행성 충돌 사건은 그것들을 말살시켰을 것이고 생명체는 다시 시작해야만 했을 거예요. 현재 생명체의 조상은 44억년 전, 달이 형성된 직후, 또는 아마도 수억 년 후에 나타났을 거예요. 그들은 단 하나의 세포로 이루어진 단순한 미생물들이었지만, 그들조차도 알아볼 수 없을 정도로 지구는 변했어요

생명을 향한 발걸음

지구에 생명체가 출현하기 위해서는 화학물질이 자신을 복제하고 어떤 포장이나 캡슐로 환경과 분리되어야 해요. 그리고 이 두 단계는 초기 지구에 존재했던 조건들과 함께 맞아떨어져야 했을 거예요.

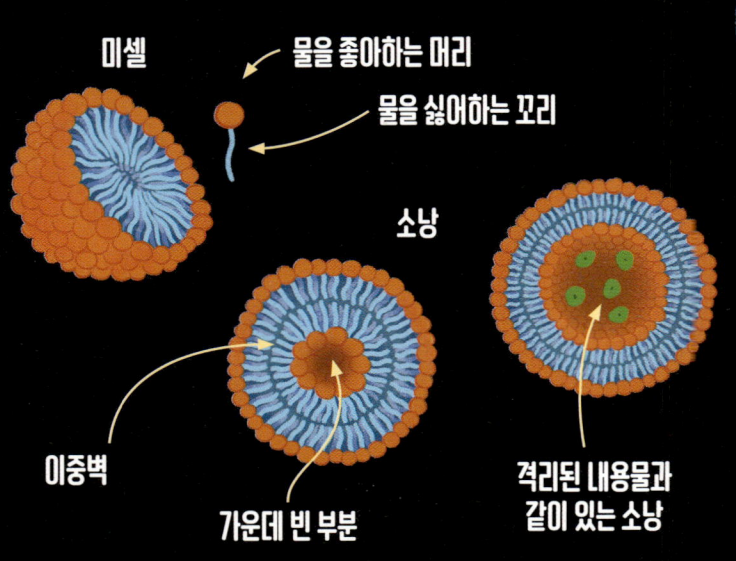

세상과 단절되다

화학물질은 어디에 봉쇄되지 않고도 그들 자신을 복제할 수 있지만, 생물들은 자신을 다른 세상과 분리하는 외부를 갖고 있어요. 이것 역시 간단한 화학물질로 형성될 수 있어요.

일부 화학물질의 분자는 작은 공이나 주머니를 만들기 위해 자연적으로 뭉쳐요. 그들은 물에 끌리는 한쪽 끝과 물에 의해 밀려나는 한쪽 끝을 가지고 있어요. 그들은 물을 싫어하는 쪽 끝부분을 가운데에 서로 맞물린 채 무리를 지어요. 이러한 군집들을 미셀이라고 불러요.

이들이 크게 자라거나 합치면 물을 싫어하는 끝은 벽 안쪽에 감추고, 물을 좋아하는 끝은 바깥쪽 물에 두어 가운데에 있는 물 한 방울을 에워싸는 이중벽 주머니를 만들 수 있어요. 이것이 소낭이에요. 그들은 근처의 다른 미셀이나 소낭에서 분자를 가로챔으로써 더 크게 성장해요. 그들이 너무 커지면, 작은 것들은 움직이는 물에 의해 방해받아 쉽게 끊어져요.

만약 소낭 안의 물이 자가 증식하는 화학물질을 포함하고 있다면, 내부가 결국 화학적으로 외부 환경과 상당히 다른 자가 증식 주머니가 될 수 있어요. 이것이 최초의 생명체를 향한 발걸음이 될 수 있어요.

화학물질 복사하기

대부분의 생명체의 중심에 있는 화학물질은 DNA예요. 그것은 뒤틀린 사다리 모양의(이중 나선 구조) 큰 분자예요. 그것은 길이를 따라 둘로 쪼개질 수 있어요. 그런 다음 각 절반은 스스로를 다시 완성하기 위해 나머지 절반을 재건해요. RNA라고 불리는 조금 더 간단한 화학 물질 역시 자신의 복제를 만들 수 있어요. 더 많은 RNA와 DNA를 만들기 위해 필요한 것은 필요한 화학물질과 알맞은 조건을 공급하는 거예요. 과학자들은 RNA보다 더 단순한 어떤 화학물질이 지구의 초기 바다나 웅덩이에서 스스로를 복제함으로써 이 모든 일이 시작되었다고 생각해요. 번개나 심지어 태양으로부터의 방사선이 이 과정을 시작할 에너지를 제공했을지도 모르죠.

생명체는 먼 우주에서 왔다고요?

일부 과학자들은 최초의 생명체, 즉 생명을 생기게 할 수 있는 화학물질이 우주에서 와서, 지구와 충돌한 소행성에 전달되었다고 생각해요. 이러한 아이디어는 '범종설'이라고 불려요. 하지만 그것은 생명이 어떻게 시작되는지는 제대로 설명해주지 못해요. 단지 문제를 다른 곳으로 떠넘길 뿐이에요.

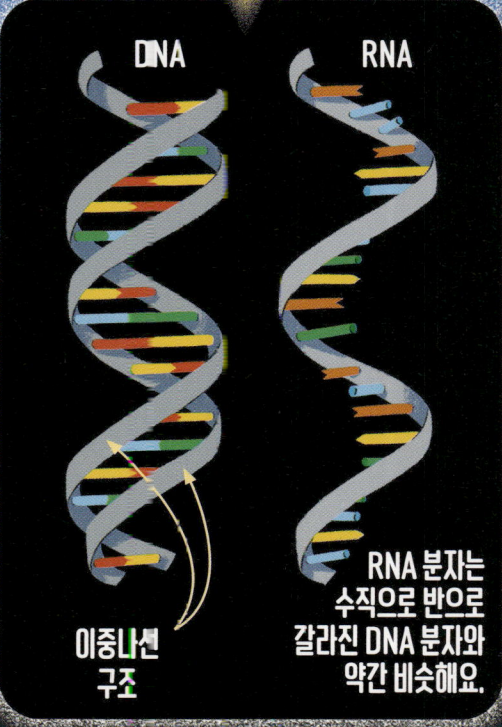

DNA RNA

이중나선 구조

RNA 분자는 수직으로 반으로 갈라진 DNA 분자와 약간 비슷해요.

살아 있는 생명체가 뭐예요!

생명이 무엇인지 정확하게 판단하기는 어려워요. 바위는 살아 있지 않지만 갈매기나 참나무는 살아 있다고 우리 모두 자신 있게 얘기할 수 있지만, 기준을 어떻게 두어야 할까요? 생명을 어떻게 정의해야 할까요? 간단히 정의하면, 생명체는 번식하고 성장할 수 있어야 하며 에너지원이 필요하다고 말할 수 있겠죠. 과학자들은 살아 있는 생명체는 적어도 하나의 세포를 가져야 하며, 인간이나 나무와 같은 복잡한 유기체들은 수조 개의 세포를 갖고 있다고 생각해요.

아주 작고 단순해요

살아 있는 것으로 간주될 수 있는 가장 작고 단순한 것은 바이러스지만, 바이러스는 단 하나의 세포도 가지고 있지 않아요. 바이러스는 생물과 무생물의 경계에 있으며, 우리에게 생명이 어떻게 경계를 넘나드는지를 보여줘요. 가장 간단한 바이러스는 한 줄의 유전자 물질로, 바이러스를 만드는 '레시피'와 같은 역할을 하는 화학 코드이며 단백질 봉투에 싸여 있어요.

그들은 세포 밖에서 잠시 동안 생존할 수 있지만, 다른 '숙주' 유기체의 살아 있는 세포 안에서만 번식할 수 있어요. 그들은 에너지를 포획하고 사용하는 방법이 없으며 스스로 자라거나, 먹거나, 호흡하거나 움직일 수 없어요. 그들이 할 수 있는 것은 번식뿐이에요. 그들은 번식하기 위해 자신들이 감염시킨 세포의 일부를 가져와서, 세포의 자원을 이용해 더 많은 바이러스 입자를 만들어요. 바이러스를 생명체라고 간주한다면, 바이러스는 지구상에서 가장 많은 생명체일 거예요.

활기가 넘치는 세포

분명히 '살아 있다'고 불릴 수 있는 가장 작은 것들은 박테리아와 고세균류와 같은 미생물들이에요. 이들은 하나의 간단한 세포를 가지고 있어요. 그들은 번식할 수 있고, 일부는 스스로 움직일 수 있으며, 그들의 몸과 기능을 활성화하기 위해 주변에서

원핵생물(핵이 없음)
고세균류와 박테리아

벌레 오징어 모기

생명의 연대측정

유기체들 간의 차이점이 얼마나 오래전에 나타났는지를 알아내는 새로운 방식에 의하면, 44억년 전, 달을 만든 충돌 이후에 최초의 생명체가 형성되었다고 해요. 박테리아와 고세균류는 이러한 최초의 생물 형태로부터 발전했어요.

비늘돔류 물고기

무척추동물

푸른 박새

동물

다세포 유기체

진핵생물(핵 포함)

척추동물

흰긴수염고래

여우

에너지와 화학물질을 가져가요. 유기체가 이용할 수 있는 에너지원은 많아요. 여러분은 다른 동물과 마찬가지로 음식에서 에너지를 얻어요. 식물은 햇빛에서 에너지를 얻지요. 박테리아와 고세균류는 처음에는 물이나 암석에 있는 화학물질에서 에너지를 얻고, 때로는 열이나 빛에서도 에너지를 얻어요. 가장 초기의 세포들이 에너지를 얻기 위해 사용했던 과정들이 여전히 일어나지만, 지금은 종종 훨씬 더 복잡한 것의 일부로서 일어나는 경우가 많아요.

지구가 살기 좋은 공간만은 아니었을 거예요

최초의 생명체는 아마도 바다에서, 바위투성이의 땅 위에 있는 물웅덩이에서, 또는 얼음 속이나 얼음 아래에서 나타났을 거예요.

극한미생물, 과거와 현재
초기 지구는 살기 힘든 곳이었어요. 유기체가 처음 어디에서 나타났든, 그들은 극한 조건을 견뎌야 했을 거예요. 지표면의 얕은 웅덩이는 태양에서 오는 해로운 방사선에 의해 노출되었을 거예요. 어떤 곳은 너무 덥고 어떤 곳은 너무 추웠을 수도 있어요. 그러한 환경에서 사는 유기체들은 현재 극한미생물이라고 불려요. 그들은 데일 것 같은 물, 산성 물, 빙상 아래, 심지어 바위 깊은 곳에서도 살아남을 수 있었어요. 초기 생명체는 이러한 곳들 어디든 서식지로 삼았을 수도 있어요.

열수작용에 의한 웅덩이
미국 옐로스톤 국립공원의 화산 웅덩이들이 밝은 녹색, 파란색, 주황색, 노란색을 띠는 것은 물에 살고 있는 열을 좋아하는 극한 미생물 박테리아 때문이에요.

물이 아주 좋지는 않아요
최초의 생명체는 아마도 물에서 나타났고, 습한 환경에서만 살아남았을 거예요. 그러나 초기 지구의 물이 항상 좋지만은 않았어요. 에너지원으로서 화학물질이나 열을 필요로 하는 유기체들에게는 화산활동이 활발해서 화학물질이 풍부한 따뜻하거나 뜨거운 물이 있는 곳이 더없이 좋은 장소였을 거예요.

깊은 바닷속의 열수분출구는 여전히 극한미생물의 서식지예요. 이러한 해저 굴뚝들은 맨틀에서 가열된 뜨거운 물을 쏟아내요. 이러한 물은 미생물이 에너지원으로 사용하는 화학물질이 풍부하지만, 산성인데다 매우 뜨거워요. 그들은 깊은 바다에 있어서 주변은 완전히 어두워요.

육지에서는 끊임없이 뜨거운 물방울이 화산활동 지역에 있는 열수 웅덩이에서 떠올라요.

열수분출구

열수분출구는 여전히 극한미생물들에게 도움을 줘요. 미생물은 뜨거운 물에서 철, 황화합물, 암모니아와 같은 화학물질을 사용해요. 기이한 관벌레, 달팽이, 게와 같은 더 큰 유기체들은 그들을 먹이로 삼거나 서로 잡아먹으며 극한미생물의 전체 생태계를 구성해요.

관벌레

빙하 밑의 호수

박테리아는 남극의 얼음 깊은 곳에 숨겨진 호수에서 살며, 심지어 겉보기에는 단단하지만 내부에 작은 공간을 가진 바위에서도 살고 있어요. 800m의 단단한 얼음 아래에 있는 한 호수에는 거의 4000여 종의 고대 박테리아가 살고 있어요. 이들은 적어도 12만년에서 100만년 동안 고립된 채로 진화해 왔어요.

남극 빙상

순환과 재순환

지구는 최고의 재활용 전문가예요. 작은 물질이 우주에서 도착하거나 우주로 사라지지만, 지구상의 거의 모든 것은 끊임없이 재활용돼요. 여러분은 공룡이 마셨던 것과 같은 물을 마시고, 여러분의 몸 안에 있는 탄소는 대기에, 바위에 그리고 다른 유기체들 안에 있어요.

눈과 얼음으로 저장된 물

강수(눈)

강수(비)

땅과 식물에서 나오는 물

땅 위를 흐르는 물

증발

호수와 웅덩이에 저장된 물

땅을 통과해 흐르는 물

땅에 저장된 물

54

재사용이 가능한 원자

원자는 무한히 재사용할 수 있어요. 그들은 다른 화합물을 만들기 위해 결합할 수 있고, 분해될 수 있고, 원자들은 얼마든지 다시 사용될 수 있어요. 행성이 형성된 이래로 똑같은 원자들이 지구에 존재해왔고, 심지어 지구의 생명이 멸종된 후까지도 그들은 아마 다른 행성이나 달 또는 다른 종류의 더 많은 생물에게 재사용될 거예요.

구름에 저장된 물

응축

바다에서 증발되는 물

바다에 저장된 물

빠르거나 느린 재순환

지구 표면의 단단한 암석은 형성되자마자 재순환되기 시작했어요. 산성비와 풍화작용은 암석을 분해하여 바다로 씻겨 나가게 하거나 대기로 빠져나가는 화학물질을 방출하게 해요. 그것들은 결국 새로운 암석으로 만들어지죠. 서서히 일어나는 과정이에요. 한 개의 탄소 원자가 암석에서 해양과 대기를 거쳐 암석으로 돌아오는 데 1~2억년이 걸리니까요.

생명은 훨씬 더 빠른 주기를 거쳐요. 일단 생명체가 존재하면, 곧 죽은 시체들이 생겨나요. 유기체가 죽으면, 그들의 작고 단일한 세포는 해저나 호수 바닥에 표류하다가 그곳의 퇴적물에 쌓여요. 어느 시점에, 박테리아는 죽은 세포를 분해해서 안에 있던 화학물질을 재사용할 수 있도록 진화했어요. 몇몇 유기체에서 나온 화학물질들은 결국 퇴적물로 만들어진 새로운 암석이 되기도 해요.

낭비되는 물은 없어요

탄소, 질소, 산소와 같은 원소들만이 순환을 통해 이동하는 것이 아니에요. 지구의 모든 물도 재순환 돼요. 물의 순환은 생명에 매우 중요해요. 물은 지구상에서 고체나 액체나 기체로 존재할 수 있기 때문에 온도에 영향을 주고 받아요. 지구 온도가 낮을 때는 많은 물이 얼음이 되어 갇혀 있어요. 기온이 올라갈수록, 얼음으로 저장되는 물은 적어지고 해수면은 더 높아져요.

물은 해양, 땅, 강, 호수에서 증발한 후 구름으로 응축되어 비로 내려와요. 땅에 내리는 비는 땅을 통해 흐르거나 강에 의해 바다로 흘러, 다시 순환을 시작해요.

빛 속에서의 생명력 잉태

햇빛은 오늘날 지구상의 생명들에게 힘을 줘요. 식물과 해조류는 물과 공기에서 시작된 것으로 새로운 화학물질을 만들기 위해 태양 에너지를 사용해요. 광합성이라 불리는 이 과정은 모든 생명체가 의존하는 음식과 산소를 제공해요. 가장 작은 식물부터 강력한 설표에 이르기까지, 모든 생명체는 궁극적으로 햇볕으로부터 에너지를 얻어요.

열과 함께 시작

초기 생명체는 바다에 모여 있었어요. 육지는 거의 없었고, 높은 수준의 방사능에 의해 폭파된 상태였어요. 바다는 안전한 피난처였죠. 깊은 곳은 빛이 침투하지 못했고 미생물은 바닷물에서 화학물질을 대사하며 어둠 속에서 살았어요. 그러나 햇빛은 얕은 물, 해안, 웅덩이, 강을 뚫고 들어왔어요. 34억년 전, 일부 미생물들은 태양열을 에너지원으로 사용하기 시작했어요.

시아노박테리아

빛의 작업

이후 27억년 전쯤, 시아노박테리아라고 불리는 다른 종류의 광합성 유기체가 진화하기 시작했어요. 시아노박테리아는 열(적외선)을 사용하는 대신, 태양으로부터 가시광선을 받아 산소를 방출했어요. 이것은 지구상 생명체의 진화에 있어 가장 중요한 단계 중 하나예요. 이제, 모든 녹색 식물들은 살며 성장하는데 필요한 화학물질을 생산하기 위해, 햇빛 에너지를 사용하고 산소를 방출하는 방식의 광합성을 시작했어요.

산 채로 잡아 먹히다!

광합성을 수행하는 식물 세포 부분을 엽록체라고 불러요. 수십억 년 전, 엽록체는 독립적인 미생물이었어요. 엽록체는 다른 세포에 의해 흡수되어 그 안에서 어떤 화학작용을 수행하고 있어요.

공정한 맞교환

광합성을 하는 식물은 물과 이산화탄소에서 포도당이라 불리는 당을 만들기 위해 햇빛 에너지를 사용해요. 산소는 일종의 폐기물이며 공기나 물로 방출돼요. 식물이 만드는 포도당의 각 분자들은 12개의 산소 원자를 방출해요. 산소는 생존을 위해 산소를 필요로 하는 거의 모든 다른 생물들에 의해 사용돼요. 식물은 에너지원으로서 그리고 줄기, 잎, 뿌리, 꽃, 씨앗을 만드는데 필요한 화학물질을 만드는 단계로서 자신들이 만든 포도당을 사용해요. 동물은 식물이나 다른 동물을 먹음으로써 에너지를 얻어요. 식물과 미생물이 광합성을 하지 않는다면, 우리가 알고 있는 지구상의 생명체는 존재할 수 없어요.

광합성

빛 에너지

산소

공기에서 나오는 이산화탄소

잎에 저장된 포도당

토양에서 나오는 물과 무기질

산소 과다 발생의 비밀

이산화탄소를 사용하고 산소를 생산하는 시아노박테리아는 매우 성공적이었어요. 그들은 다른 유기체들이 별로 사용하지 않는 햇빛의 가시광선을 자원으로 사용했기 때문에 경쟁상대가 없이 쉽게 번성할 수 있었어요.

빛을 향해 나오다

시아노박테리아는 수면 근처나 빛이 통과할 만큼 물이 얕은 해안가에 살았어요. 이 때문에 다른 유기체들은 시아노박테리아가 생존할 수 없는 깊은 바다로 가게 되었어요. 시아노박테리아는 다른 유기체들과 거의 차이가 없었기 때문에 처음에는 해를 끼치지 않았어요.

시아노박테리아는 수백만 년에 걸쳐 그들 아래 암석에 쌓여 굳어진 조상들의 사체 위에 살았어요. 이러한 암석무더기들은 스트로마톨라이트라고 불려요. 시아노박테리아는 수면과 가장 가까워서 햇빛을 가장 많이 받을 수 있었기 때문에, 무더기의 상위에 있던 이들은 더욱 성공적이었고 무더기들이 쌓이면서 계속 유지되었어요. 시아노박테리아는 여전히 스트로마톨라이트를 만들어요.

스트로마톨라이트

신선한 공기

처음에는 시아노박테리아가 광합성 작용을 하면서 방출시킨 산소가 주변 바닷물에 용해되었어요. 그들은 매우 번성했기 때문에 결국 용해 상태를 유지하기에는 너무 많은 산소를 생산하게 되었어요. 바다에는 용해된 철이 들어있었고, 산소는 철과 반응하여 산화철, 즉 녹을 만들었어요. 녹은 물에 용해되지 않고 해저로 떨어졌고, 형성되고 있는 퇴적암에 갇혔어요. 곧, 훨씬 더 많은 산소가 발생하였고 바다에는 용해된 철이 부족해졌어요. 산소는 대기 중으로 빠져나가기 시작했고, 현재 우리 모두가 호흡하기 위해 필요한 가스의 첫 번째 작은 부분을 추가하게 되었어요.

암석에 있는 녹 줄무늬

우리가 어떻게 알았을까요?

24~20억년 전의 암석들은 해저에 떨어져 형성 중인 암석에 갇힌 녹으로 만들어진 붉은색의 넓은 줄무늬를 보여줘요. 철제 띠를 두른 암석은 전 세계에서 발견돼요. 현재 우리가 채굴하는 철의 대부분은 이 시기에 만들어졌어요.

피어나는 해조류

시아노박테리아가 산소를 쏟아내는 것과 동시에 암석은 풍화작용을 받고 퇴적물은 바다로 씻겨 나가고 있었어요. 물이 운반하는 추가적인 영양소들은 훨씬 더 많은 시아노박테리아를 지원했고 결과적으로 훨씬 더 많은 산소를 만들어냈어요. 퇴적물은 해저에 쌓여 산소와 반응했을 법한 물질들을 덮었으며, 따라서 훨씬 더 많은 산소들이 대기 중으로 빠져나갔어요. 대기에 가져온 변화는 대산소발생사건이라고 불려요. 이것은 약 24억년 전부터 21억년 전까지 지속되었어요.

재앙에 가까운 혹한의 추위

시아노박테리아의 엄청난 번성이 끼친 영향은 재앙에 가까웠어요. 그들은 우선 해양에 산소를 쏟아부은 다음 대기로 들어갔고, 이는 지구를 영원히 바꿔 놓았어요. 시아노박테리아는 지구 최초의 대량 멸종 사건, 즉 미생물에 의해 발생된 다량의 산소로 인하여 대량멸종사건이 발생했어요.

지구, 온실에서 벗어나 냉동실로

산소는 물에 사는 다른 많은 미생물들에게 독이 되었고, 그들을 죽이기 시작했어요. 하지만 더 나쁜 일이 다가오고 있었어요. 대기 중의 산소가 메탄과 반응하여 이산화탄소와 물을 생성했어요. 메탄은 매우 강력한 온실가스여서, 지구를 따뜻하게 유지하기에 충분한 열을 가져다주고 있었어요. 이산화탄소는 메탄의 온실효과의 20분의 1에 불과하기 때문에 지구는 식기 시작했어요. 동시에, 얕은 곳은 산소가 범람하기 때문에 시아노박테리아는 메탄을 생산하는 미생물을 더 깊은 바다로 내몰았어요. 그들은 그곳에서 살 수 있었지만, 그들이 만든 메탄은 대기로 빠져나올 수 없었답니다.

그뿐만이 아니라, 암석은 분해되고 풍화작용을 받고 있었어요. 풍화 과정은 새로운 이산화탄소의 일부를 다 써버리면서 온실가스를 훨씬 더 많이 부족하게 했어요. 온실가스가 줄어들면서, 지구의 열은 우주로 더 쉽게 빠져나갈 수 있었어요. 지구 행성은 너무 차가워져서 온화하고 촉촉한 미생물 천국에서 싸늘한 황무지로 변했어요.

눈덩이에 뒤덮인 지구

약 23억년 전에는 지구 표면의 대부분이 극에서 극까지 빙상이 펼쳐져 덮여 있었어요. 지구는 약 1억년 동안 꽁꽁 얼어 있었어요. 이는 지구가 공룡이 죽었을 때 얼어서 현재까지도 얼어 있으며 이후 3천 5백만년 동안 얼어있는 것과 같아요.

처음에는 열 대신 빛을 사용하는 미생물이라는 작은 변화로만 보였던 것이 완전히 재앙으로 변하고 말았어요. 어느 때는 기온이 영하 50도까지 떨어진 곳도 있었어요.

얼음이야? 진창이 된 눈이야?

우리는 이 최초의 '눈덩이 지구 사건' 동안 지구가 어떤 모습이었는지 정확히 몰라요. 행성 전체가 깨지지 않은 두꺼운 얼음판으로 덮여 있었을 수도 있고요. 아니면 얼지 않은 수면이 있어서 어떤 지역은 더 질퍽한 눈구덩이가 되어 있었을 수도 있어요.

얼음 아래에서 생명력이 움트다

생명체는 빙하 아래에서 어떻게든 존재를 이어갔어요. 만약 물이 일정 부분 얼지 않은 채로 유지된다면, 산소를 생산하는 장본인들을 포함하는 생명체들은 눈덩이 세상이 따뜻해져서 결국 녹는 데 수백만 년이 걸리더라도 결사적으로 살아남을 수 있어요.

4장 끊임없이 꿈틀대는 지구

눈덩이 지구의 얼음이 마침내 녹기 시작했는데, 그것은 행성의 자체적인 활동 때문이었어요. 지표면이 얼어도 지구의 지질 활동은 멈추거나 느려지지 않았어요. 땅 속 깊은 곳에는 항상 많은 일들이 일어나고 있었고, 마침내 수백만 년에 걸쳐 얼어붙은 행성을 얼음 장막으로부터 해방시켰어요.

지질학자들은 지구의 세 가지 상태 즉, 눈덩이, 얼음저장고, 온실로 구분해요. 눈덩이 지구는 전부 또는 거의 얼음으로 덮여 있고, 얼어붙은 땅과 바다는 극지방으로부터 멀리 뻗어 있어요. 얼음저장고 지구는 지금처럼 표면에 약간의 얼음이 있어요. 온실화된 지구에는 심지어 극지방에도 영구적인 얼음이 없어 따뜻해졌어요.

눈덩이 녹이기

얼음을 녹이려면 지구가 따뜻해져야 했어요. 대기에 산소가 더해지면 온실가스의 보호막이 약해지기 때문에 지구의 열은 우주로 빠져나갔어요. 그것은 온실가스를 더 추가해야만 고칠 수 있어요. 운 좋게도, 바로 그 일이 일어났어요.

온실 보호막 다시 짜기

암석이 얼음으로 덮여 있고 풍화작용이 없어서 이산화탄소는 대기에서 제거되지 않았어요. 하지만 지구의 화산들은 여전히 이산화탄소를 쏟아냈고 물을 증발시켰어요. 수백만 년에 걸쳐 더 많은 이산화탄소가 쌓이면서, 새로운 온실가스층을 만들었어요. 결국, 행성은 따뜻해져서 얼음이 녹기 시작했어요.

무기 탄소 순환은 수백만 년에 걸쳐 지구의 기후를 조절해요. 우리가 지금 대기에 쏟아붓고 있는 여분의 이산화탄소로 인한 지구 온난화를 되돌리는 것을 돕기에는 너무 느려요.

무기 탄소 순환

따뜻한 시기에는 대기의 이산화탄소가 빗물에 용해되어 약산성이 돼요. 이것이 땅에 떨어지면 암석을 서서히 부식시켰어요. 흐르는 물은 암석에서 강으로 그리고 결국 바다로 미네랄을 운반해요. 미네랄은 해저에 퇴적되어 탄산염처럼 탄소를 포함하는 새로운 암석을 만들어요. 해양의 가장자리에서, 해저는 천천히 지구의 맨틀 안으로 끌려 들어가 녹아요. 탄산염에서 방출된 이산화탄소는 화산을 통해 상승하고 분출해서 다시 대기로 돌아가요. 그중 일부가 비에 녹아서 다시 순환을 시작해요. 이렇게 암석, 해양, 대기를 통해 탄소가 순환하는 것을 무기 탄소 순환이라고 불러요. (유기 생물, 즉 유기체를 포함하지 않기 때문에 '무기물'이라고 해요.)

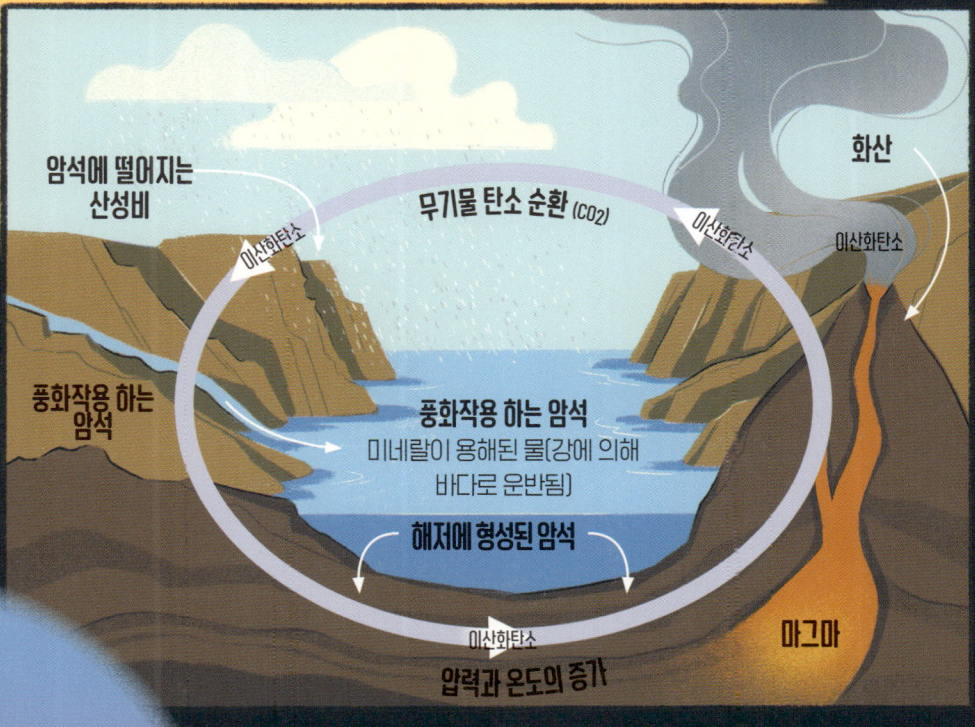

뜨겁고 차가워요? 차갑고 뜨거워요?

지구에는 몇 번의 눈덩이 사건이 있었어요. 얼음이 녹으면, 암석은 다시 노출되어 풍화작용을 하기 시작하며 대기에서 이산화탄소를 빼앗아요. 만약 너무 많은 이산화탄소가 너무 빨리 제거된다면, 지구는 다시 얼게 되고 이산화탄소가 다시 쌓일 때까지 기다려야 해요. 이러한 이유로 눈덩이 사건은 짧고 따뜻한 기간에 의해 깨지는 경향이 있어요.

이제, 바다의 탄산칼슘은 바다생물들이 자신의 껍질을 만드는 데 사용해요.

깨어지고 있는 지각판

단단한 암석의 지각은 맨틀의 두껍고 반쯤 녹아 끈적이는 암석 위에 떠 있어요. 그 아래에서 마그마가 움직이면서, 지각은 주변으로 천천히 끌려다녀요. 우리가 알아차리기엔 너무 느리지만, 지구는 항상 우리의 발 밑에서 움직이고 변화하고 있어요.

암석 퍼즐

지구의 지각은 지각판이라고 불리는 덩어리로 갈라져요. 그것들은 조각 그림의 퍼즐처럼 서로 완벽하게 들어맞아요. 어떤 판들은 산, 평원, 강, 호수가 있는 대륙 땅을 나르고요. 물이 넘쳐나는 얇은 암석층인 해양을 날라요. 대륙판은 매우 오래된 크라톤 주위에 형성되어 있으며, 대륙판의 일부 암석은 수십억 년 된 것이에요. 해양판은 더 나중에 더 무거운 암석으로 만들어진 거예요. 이 암석은 계속 갱신되며 가장 오래된 암석은 약 1억 4천 5백만년 밖에 되지 않았어요.

7개의 주요한 판과 다수의 작은 판이 있어요. 가장 큰 판은 태평양판으로, 태평양 전체를 포함하고 있어요. 면적은 1억 300만 평방킬로미터로 지구 표면의 4분의 1 이상을 차지해요. 비록 해저의 암석이 그다지 오래되지는 않았지만, 조각 퍼즐의 한 조각으로서 그 판은 아마 적어도 30억년은 되었을 거예요.

움직이는 퍼즐 조각

모든 지각판은 그 아래 마그마에 따라 움직이지만, 모두 같은 방향으로 움직이지는 않아요. 마그마는 암석이 가열되어 상승하고 냉각되어 다시 하강하면서 대류환의 모양으로 움직여요. 그 결과, 판들이 떨어져 나가거나 충돌하거나 서로 부딪혀 어긋나기도 해요. 화산 분출, 파괴적인 지진, 자라나는 산 등을 포함해서, 이러한 모든 유형의 움직임들은 지구 표면에 극적인 영향을 미쳐요.

활동적인 가장자리

판들 사이의 경계에는 세 가지 유형이 있어요. 그들은 경계선 양쪽에 있는 판들이 어떻게 움직이는지를 설명해요.

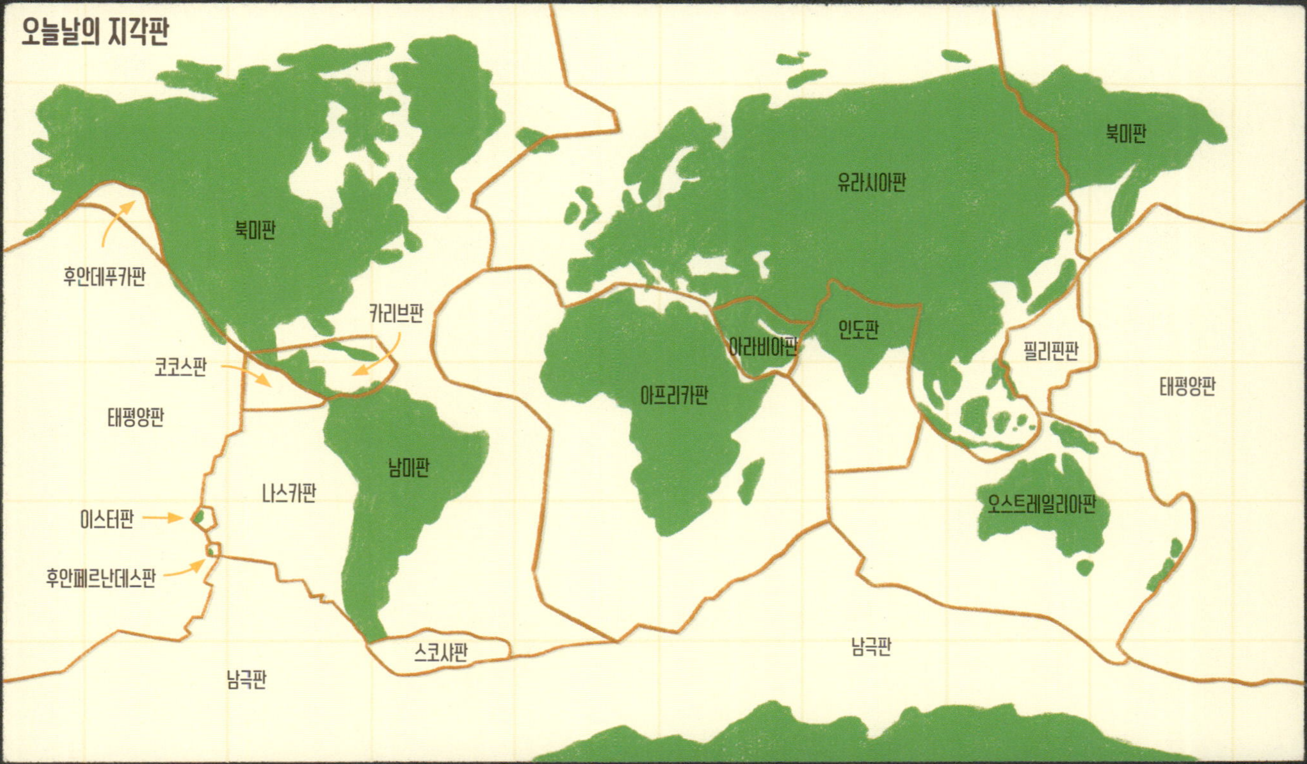

오늘날의 지각판

지도 속 판 이름: 북미판, 유라시아판, 후안데푸카판, 카리브판, 아라비아판, 인도판, 필리핀판, 코코스판, 태평양판, 아프리카판, 태평양판, 이스터판, 나스카판, 남미판, 오스트레일리아판, 후안페르난데스판, 스코샤판, 남극판, 남극판

건설적인 경계에서 판들은 분리되고 마그마가 그 틈을 뚫고 솟아올라 새로운 암석으로 굳어져요. 이런 현상은 해양 한가운데와 대륙판이 균열 되는 곳에서 일어나요.

파괴적인 경계에서 판들은 서로 부딪쳐요. 서로 부딪히면서 한쪽이 다른 한쪽 아래로 밀려들어갈 수 있어요. 만나는 지점에 암석이 쌓이면서 산을 형성해요.

보존적인 경계에서 판들은 서로 나란히 움직여요. 새로운 암석이 만들어지지는 않지만, 가장자리는 서로 격렬하게 맞닿아 있어요.

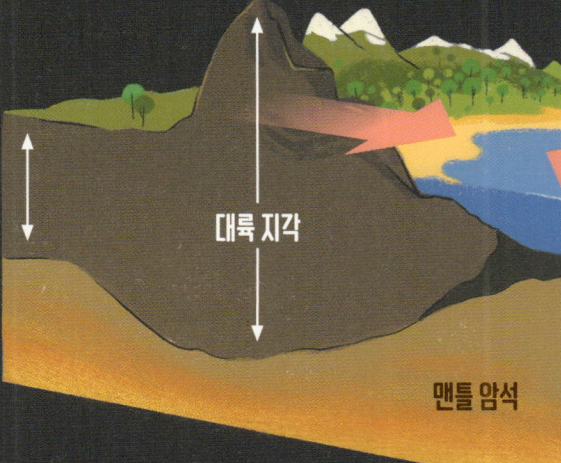

대륙 지각 / 맨틀 암석 / 해양 지각

해양과 육지와 만나는 곳에는 판들이 서로를 향해 움직여서, 파괴적인 경계가 형성되는 경우가 많아요.

옛것을 대체하는 새로운 암석

지각판이 갈라지고 아래에 있던 마그마가 흘러나오는 곳에서 새로운 암석이 형성돼요. 이것이 지구의 지각과 맨틀을 뚫고 진행되는 암석의 길고도 느린 순환 과정의 일부예요.

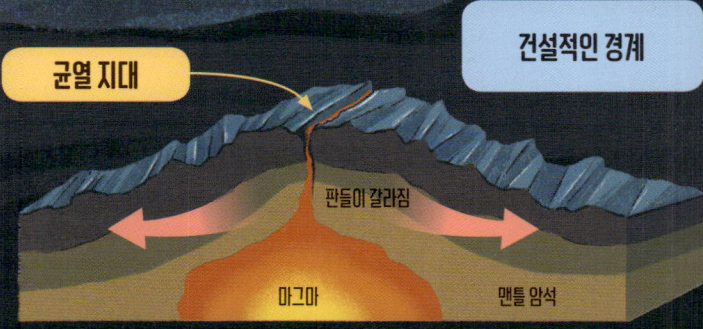

균열 지대 · 건설적인 경계 · 판들이 갈라짐 · 마그마 · 맨틀 암석

북미판 · 유라시아판 · 아이슬란드 · 대서양 중부의 균열 · 대서양

갈라져 나감

지각판이 갈라져 나가는 곳에는 균열 지대가 형성돼요. 균열은 북쪽의 그린란드 동쪽 바다에서부터 남아메리카의 아래까지 대서양을 통해 쭉 뻗어 있어요.

균열의 대부분은 바다 아래에 있지만, 그린란드와 스칸디나비아의 북유럽 국가들 사이의 섬인 아이슬란드를 통과하기도 해요. 아이슬란드는 화산활동이 매우 활발해요. 화산은 정기적으로 용암과 가스를 쏟아내고, 때로는 바닷속에서 마그마가 분출하고 굳어지면서 만들어진 새로운 섬들이 해안에 나타나기도 해요.

다른 두 개의 육로 균열 지대는 아프리카에 있으며, 이 지대는 움직이는 판들이 대륙을 갈라놓고 있어요. 결국 바다가 이 지역을 범람할 것이고, 아프리카의 동쪽 지역은 대부분의 대륙에서 분리될 거예요. 그러나 이것은 앞으로 수백만 년에 걸쳐 일어날 거예요.

산과 계곡

해양 한가운데 틈새에서 새어 나온 마그마는 균열된 양쪽에 쌓여 굳어져요. 판이 갈라지면서 쌓인 암석은 양쪽의 균열로부터 천천히 떨어져 나가면서 가장 활동적인 균열 부분의 양쪽으로 산줄기를 형성하게 돼요.

이러한 균열들은 소규모로 갈라지는 것이 아니라, 대서양 한가운데의 균열은 북아메리카의 그랜드 캐니언 크기에 달해요. 판이 더 빨리 움직이는 태평양에서는 암석이 거대한 산맥을 만들 만큼 오래 머무르지 않는 대신 드넓은 평원을 이뤄요. 해양 아래에는 파도 아래 숨겨진 산과 계곡과 평원이 이어지는 극적인 풍경이 있어요.

대서양 중부의 균열은 아프리카와 호주 아래를 흐르는 균열과 합류하고, 태평양 중부의 균열 지대와도 만나, 그 크기가 6만 5000km에 이르는 지구상에서 가장 큰 산맥을 형성하고 있어요.

커져가는 해양

대서양 균열 지대 양쪽의 해저들이 서로 반대 방향으로 당겨지면서, 한쪽에 있는 아메리카 대륙과 다른 한쪽에 있는 유럽과 아프리카 대륙이 점점 더 멀어져요. 대서양은 매년 2~5cm씩, 세기마다 2m씩 넓어져요. 태평양의 일부는 매년 6~16cm씩 커져요.

암석과 물의 만남

균열 지대의 판들이 당겨져 갈라지는 동안, 맞은편 끝의 판들도 움직이며 어딘가로 가야 해요. 해양판의 가장자리가 대륙의 해안과 만나요. 암석은 그냥 그곳에 쌓이는 것이 아니라, 맨틀로 다시 당겨져 재순환 돼요.

섭입 지대

해안에서는 해양판이 대륙판과 충돌해요. 두 개의 판이 서로를 향해 움직이고, 하나는 양보를 해야 해요. 해양판은 가장 밀도가 높아, 더 가벼운 대륙판 아래로 떨어져요. 그것은 맨틀 깊숙이 당겨져 녹아요. 이런 일이 일어나는 곳을 섭입 지대라고 해요. 여기서 녹은 암석은 1억 5천만년 전에 대양저 균열 시 올라와 형성되었던 거예요.

해저의 물은 마그마의 녹는점을 낮추고, 대륙 대양저 균열판의 가장자리를 따라 있는 마그마를 녹여요. 그것은 화산을 형성하면서 지각을 뚫고 올라와요. 대부분의 지구 화산들은 섭입 지대를 따라 형성되어 있어요. 화산에서 흘러 나온 용암이 대륙판 가장자리에 달라붙으면서 판을 서서히 더욱 크게 만들어요.

해저의 판은 맨틀의 바닥을 향한 여정에 수백만 년을 보내요. 맨틀로 잡아당기는 힘과 대양저 균열에서 새롭게 자라나는 암석이 밀어내는 힘이 함께 작용해서 해저를 대륙 해안으로 이동시켜요.

깊고 어두워요

해양판이 아래로 당겨지는 섭입 지대에는 깊은 해구가 형성돼요. 해구는 해안에서 꽤 가깝지만, 지구상에서 가장 깊은 바다를 가지고 있어요. 가장 깊은 곳은 일본과 파푸아뉴기니 사이의 서태평양에 있는 마리아나 해구예요. 최대 깊이는 11km이고, 길이는 2550km, 너비는 69km랍니다.

산 만들기

모든 충돌이 육지를 운반하는 판과 바다를 운반하는 판 사이에서만 일어나는 것은 아니에요. 때로는 두 개의 대륙판이 충돌하기도 해요. 어느 쪽도 다른 쪽보다 가볍지 않아, 어느 쪽이 양보해야 하는지 명확하지 않아요.

높고 깊다

산을 만드는 암석 더미는 매우 무거워서, 어떻게든 아래 맨틀 안으로 가라앉아요. 암석이 높이 쌓일수록 산은 무거워지고 아래로 더욱 내려가요. 결과적으로 산에는 깊은 '뿌리'가 생기는데, 이는 맨틀을 파고드는 지하 깊숙한 곳까지 뻗어 있는 암석 덩어리예요.

산은 위아래 양쪽으로 자라나요. 세계에서 가장 높은 산은 히말라야로, 인도를 실은 대륙판이 유럽과 대부분의 아시아를 실은 유라시아판으로 밀려들면서 형성되었어요. 인도는 8천만년 전에 지금의 티베트 땅에서 남쪽으로 6,400km 떨어진 곳에 있었지만 북쪽으로 이동하기 시작했어요.

사라져가는 해양, 자라나는 산

대륙판들은 가끔 그들 사이의 해양 지대를 다 짜내 그것이 닫힐 때까지 서로를 향해 움직이기도 해요. 그런 다음 대륙판이 충돌해요. 해양 지각이 모두 섭입된 후, 대륙판들은 가차 없이 함께 밀어붙여요. 암석은 덜컹거리면서 접히고 중간에서 솟아올라 쌓이면서 처음에는 언덕으로 마침내 산으로 만들어져요.

파괴적인 경계

산맥 · 대륙 지각 · 대륙 지각 · 판의 충돌 · 암석 뿌리 형성

가장 오래된 산맥

세계에서 가장 오래된 산은 애팔래치아 산맥이에요. 이들은 약 4억 8천만년 전에 자라기 시작했고, 충돌한 판들이 결합하면서 새로운 대륙으로 커졌어요. 산은 수억 년 동안 계속 자라고 변화했지만, 지금은 침식되고 있어요. 스웨덴, 그린란드, 스코틀랜드의 산들은 모두 이동하는 대륙에 의해 갈라진 애팔래치아 산맥의 일부랍니다.

바다와 산을 맞바꾸다

인도는 5천만년 전에 유라시아와 충돌했고 여전히 북쪽으로 밀려 나가고 있어요. 두 판 사이에 있던 테티스 해양은 이제 사라졌어요. 미는 압력으로 인해 히말라야산맥은 1년에 2cm씩 높아지고 있으며 여전히 맨틀 아래로도 더 깊어지고 있어요. 압력은 산을 위로 쌓아 올릴 뿐만 아니라, 산 뒤의 땅을 밀어 올리면서 높고 평평한 고원을 만들기도 해요. 티베트 고원은 산 자체는 없지만, 유럽 알프스산맥의 정상보다 더 높아요.

접힌 암석

갈고 우그러뜨리다

판의 모든 경계에서 땅이 생성되거나 파괴되는 것은 아니에요. 보존적인 경계에서 지각판은 서로 다른 방향이나 다른 속도로 지나가요. 대부분의 경우, 모든 것이 평온하지만 항상 그렇지는 않아요.

긴장된 순간

지각판들은 서로 쉽게 미끄러져 지나갈 수 있는 매끄러운 가장자리를 가지고 있지 않아요. 가장자리는 들쭉날쭉하고 무거우며 서로 부딪히며 많은 시간을 보내요. 아래에 있는 마그마가 느리게 흐르며 그들을 앞으로 밀어내면서 압력이 증가해요. 압력이 너무 커지면, 판들을 풀리면서 갑자기 앞으로 팅겨 나가요.
결국 지표면에서는 지진이 발생해요. 땅이 흔들리고 심지어 산산조각이 나면서, 충격이 지구 행성에 울려 퍼지죠. 바다 밑의 지진은 쓰나미를 생성할 수 있어요. 쓰나미는 육지 위를 덮치는 거대한 파도이며 파괴적인 결과를 가져오는 경우가 많아요.

지구의 활성 단층

가장 활발한 지진 지역 중 하나는 미국의 샌안드레아스 단층이에요. 그것은 캘리포니아의 대부분을 가로질러 1,300km에 걸쳐 뻗어 있으며, 더 멀리 멕시코까지 1,300km 뻗어 있는 다른 단층선과 합류하고 있어요.
다른 위험 지역으로는 남아메리카 해안과 인도 북부 국경 지대가 있어요. 가장 큰 단층선은 동남아시아의 순다 메가트러스트로 길이는 5,500km이고 미얀마에서 호주까지 이어져요. 2004년 이곳에서 지진으로 인한 쓰나미가 발생해 23만 명이 사망했어요.

판

판

보존적인 경계

74

파도, 바다 안과 밖 … 에너지 파동
쓰나미는 일반적인 파도처럼 물 자체가 멀리 이동하는 에너지라기보다는 물을 통해 이동하는 에너지라고 할 수 있어요. 지진은 지진파라고 하는 거대한 에너지 파동을 생성하는데, 지진파는 육지와 바다뿐만 아니라 맨틀과 심지어 핵까지 뚫고 퍼져나가요.

쓰나미

산산조각
지진파는 도로, 다리, 벽돌, 콘크리트 건물까지 부숴버릴 수 있어요. 이것들은 충격을 흡수하기 위해 물결처럼 굽이치거나 휘지 못하고 지진의 압박으로 무너져요. 지진은 시골이나 건물이 유연한 재료로 만들어진 곳에서는 덜 위험해요. 부상을 입는 대부분의 사람들은 무너지는 건물이나 육지를 덮친 쓰나미로 피해를 입었어요.

지구 내부 들여다보기
에너지의 파장은 다른 물질을 통해 다른 속도로 이동해요. 지질학자들은 지진파의 움직임과 속도를 추적해서, 맨틀, 외핵, 내핵 사이의 경계를 찾으면서 지구의 내부 구조를 알아냈어요.

화산 내부

화산은 판의 경계를 따라 모여 있어요. 화산은 마그마가 맨틀에서 지각까지 솟아오르는 곳에 형성돼요. 어떤 화산은 산의 형태지만, 땅이나 해저의 갈라진 틈에 더 가까운 형태도 있어요. 화산이 폭발할 때, 파괴적인 폭발로 마그마를 용암처럼 분출할 수도 있고 그냥 부드럽게 흘려보낼 수도 있어요.

다양한 화산 종류

마그마는 화산 안에서 관과 수로를 통해 모여 있던 곳에서 솟아올라 분출하기 시작해요. 다양한 종류의 화산이 있어요.

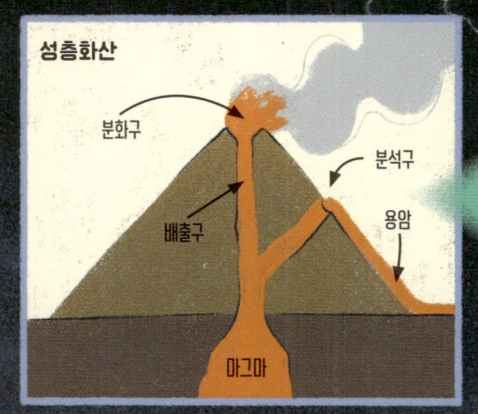

성층화산은 해양의 가장자리에서 녹으면서 해저에 가라앉아 있는 판에 의해 생성돼요. 마그마는 화산 아래에 모여 주변의 암석을 녹여요. 녹은 암석의 압력이 너무 커지면, 화산은 산산조각이 날 수 있어요. 이것은 가장 격렬한 분출로, 공중과 땅 위로 뜨거운 용암이 뿜어져 나와요. 성층화산은 산비탈에 더 작은 분석구들을 갖고 있는 경우가 많아요.

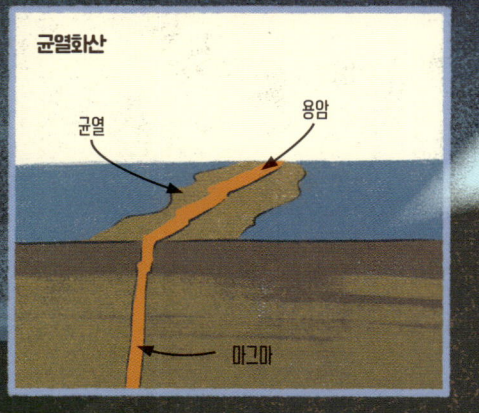

균열화산은 판이 서로 분리되는 땅에 생기는 갈라진 틈이에요. 갑작스럽고 격렬한 분출이 아니라, 용암이 꾸준히 분출되는 화산이에요.

핫스팟 화산은 지각판의 가장자리가 아닌 가운데서 발생할 수 있는 유일한 유형이에요. 이 화산은 완만한 경사면을 가진 거대한 순상화산으로, 마그마가 맨틀 깊은 곳에서 솟아오르는 '핫스팟(마그마가 분출되는 지점)' 위에 생겨요. 지구의 지각이 핫스팟 위로 천천히 이동하면서, 일련의 화산들이 형성돼요. 하와이 제도는 태평양 아래의 핫스팟 위에 형성된 화산들이에요.

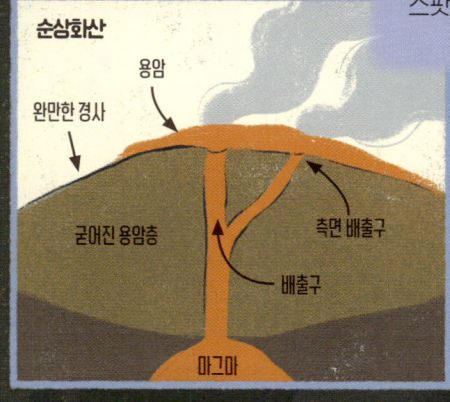

가장 큰 최고(최악)의 화산

가장 큰 화산들은 초화산이라고 해요. 그들은 광대한 지역에 분출물을 분화시킬 수 있는 그런 힘으로 분출해요. 지난 3,600만년 동안 이런 종류의 분출은 42번밖에 없었어요. 가장 유명한 초화산은 미국의 옐로스톤 공원에 있어요. 적어도 그것은 1,600만년 동안 활동해온 아래의 핫스팟에서 준비를 해왔어요. 그것은 약 63만년 전에 마지막으로 분출되었어요.

초화산

선사시대의 초화산

인도네시아에 있는 초화산, 토바는 인류 문명이 시작되기 훨씬 전인 7만 5천 년 전에 폭발했어요. 지난 2백만년 사이에 가장 큰 폭발로, 적어도 10km에 달하는 거리의 허공에 분출물을 분화했으며 미국 크기의 반을 화산재로 덮었어요.

대륙 만들기 및 파괴

수백만 년에 걸쳐 지각이 지구를 돌아다니면서, 대륙판은 결합되었다가 분해되며, 해양은 생겼다가 없어졌다가 했어요. 대륙의 크기와 위치는 끊임없이 변하고 있어요.

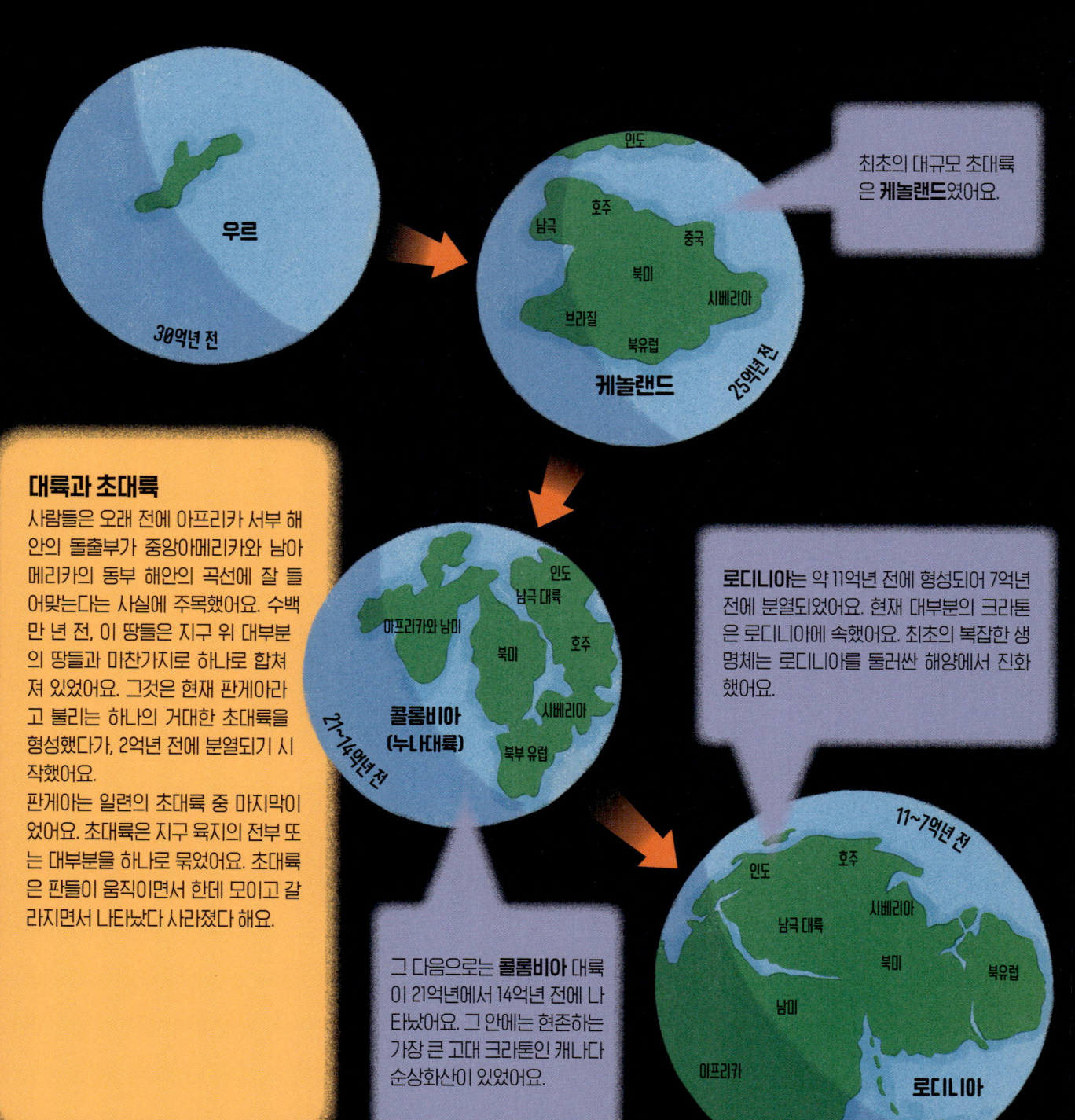

최초의 대규모 초대륙은 **케놀랜드**였어요.

대륙과 초대륙

사람들은 오래 전에 아프리카 서부 해안의 돌출부가 중앙아메리카와 남아메리카의 동부 해안의 곡선에 잘 들어맞는다는 사실에 주목했어요. 수백만 년 전, 이 땅들은 지구 위 대부분의 땅들과 마찬가지로 하나로 합쳐져 있었어요. 그것은 현재 판게아라고 불리는 하나의 거대한 초대륙을 형성했다가, 2억년 전에 분열되기 시작했어요.

판게아는 일련의 초대륙 중 마지막이었어요. 초대륙은 지구 육지의 전부 또는 대부분을 하나로 묶었어요. 초대륙은 판들이 움직이면서 한데 모이고 갈라지면서 나타났다 사라졌다 해요.

그 다음으로는 **콜롬비아** 대륙이 21억년에서 14억년 전에 나타났어요. 그 안에는 현존하는 가장 큰 고대 크라톤인 캐나다 순상화산이 있었어요.

로디니아는 약 11억년 전에 형성되어 7억년 전에 분열되었어요. 현재 대부분의 크라톤은 로디니아에 속했어요. 최초의 복잡한 생명체는 로디니아를 둘러싼 해양에서 진화했어요.

… 그리고 미래의 초대륙

지각판들은 여전히 움직이고 있으며, 다시 합쳐져 수백만 년 후에 또 다른 초대륙을 형성할 거예요. 이런 일이 벌어질 수 있는 몇 가지 방식이 있어요. 미래의 대륙은 판게아 울티마로 명명되었어요.

과거의 초대륙 …

지질학자들은 최초의 초대륙에 대해 동의하지 않아요. 연구할 증거가 거의 없어요. 그것은 36억년 전에 '발바라' 대륙을 만들기 위해 합쳐진, 현재의 남아프리카와 호주의 작은 부분인 두 개의 크라톤으로 이루어진 작은 블록이었을지도 몰라요. 현재 호주, 아프리카(마다가스카르), 인도의 일부가 된 우르에 대해서는 동의하는 바가 더 많아요. 우르는 비록 지금의 호주보다 작았지만, 지구의 대부분이 해양으로 덮여 있었던 때이므로 초대륙으로 간주돼요.

마지막 초대륙, **판게아**는 지구 육지의 90%를 포함하고 있었어요. 처음에는 북쪽의 로라시아 대륙과 남쪽의 곤드와나 대륙으로 나뉘었어요. 그런 다음 이 대륙들은 더 멀리 분열되었다가 · 천천히 현재의 위치로 이동했어요..

21억년 전, 눈덩이 지구가 녹으면서 단세포 유기체들이 얼지 않은 공간으로 몰려들었어요. 그 후 10억년 동안, 세포들이 모여 최초의 다세포 유기체를 만들면서 생명체는 변화하기 시작했어요. 이러한 유기체 내에서 세포는 이동, 에너지 획득, 재생산과 같은 여러 일을 담당하도록 특화되었어요. 어떤 유기체는 한 부모만 복제하는 대신 두 부모에게서 받은 유전자 정보를 종합하여 유성생식을 하기 시작했어요.

약 6억 5천만년 전까지 더 많은 빙하기의 지구 사건들이 생겼다가 사라졌어요. 마지막 해빙기가 새 생명의 폭발을 촉발한 것으로 보여요. 에디아카라 바다는 오늘날 살아있는 것 같지도 않고 뚜렷한 머리, 입, 소화기관도 없는 이상하게 누벼지고 부풀어 오른 유기체들로 가득했어요.

생명의 대폭발

일단 생명을 얻자, 활발해지기 시작했어요. 약 5억 4천만년 전, 유기체들은 더 커지고, 더 많이 움직이기 시작했으며 생활공간과 음식을 놓고 서로 경쟁할 수 있도록 도와주는 감각을 발달시켰어요.

초기의 무기 경쟁

에디아카라 생물군은 해저에 뿌리를 내렸거나 미생물 더미를 뜯어먹으며 천천히 움직였어요. 그러나 5억 4천 2백만년 전부터 시작된 캄브리아기 동물들은 서로를 먹기 시작했어요. 빠른 '무기 경쟁' 속에서, 어떤 동물들은 다른 동물들을 잡아 먹는 방법을 개발했어요. 그들의 피식자들은 먹히지 않기 위해 진화했어요. 발톱이나 이빨 같은 무기들이 나타났어요. 피식자 동물들은 배고픈 입으로부터 자신들을 보호하기 위해 단단한 외피와 껍데기를 발달시켰어요.

오파비니아

마렐라

너를 보고, 나를 보고

동물들이 서로와 주변을 볼 수 있도록 눈이 진화했어요. 단세포 유기체조차도 '안점'이 있는 경우가 많은데, 이것은 빛에 민감해서 빛이 어디에서 오는지 유기체에 알려줘요. 유기체가 햇빛에서 에너지를 얻거나 그림자에 숨을 수 있도록 도와줘요. 하지만 진정한 비전은 도약이었어요. 피식자 동물에게는 자신을 먹고 싶어 하는 누군가를 보고 숨을 수 있는 능력은 매우 중요해요. 포식자가 자신의 먹이를 발견할 수 있는 것 만큼이나 중요해요.

할루키게니아

아노말로카리스

82

움직이다

포식자와 피식자 모두 사냥을 하든 도망을 가든, 새로운 이동 방식을 진화시켰어요. 생물들은 다른 방식으로 기고, 걷고, 수영하기 시작했어요. 더 빨리 움직일 수 있는 동물은 더욱 성공적이어서 생존해서 번식을 거듭했으며, 훨씬 더 빠른 움직임을 향해 진화했어요.

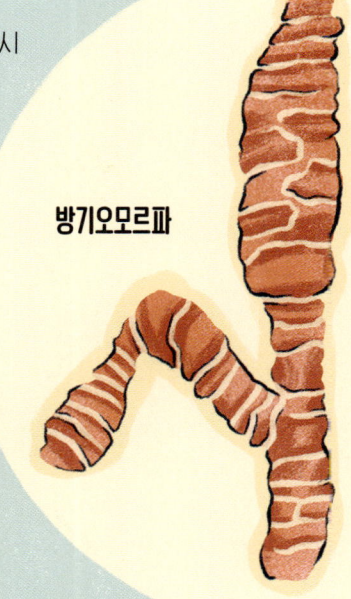

방기오모르파

10억년 전에 살았던 홍조류인 방기오모르파는 성 생식을 한 가장 오래된 유기체예요.

우리가 어떻게 알았을까요?

가장 초기의 대규모 화석은 에디아카라기와 캄브리아기로 거슬러 올라가며, 수십만 마리의 초기 유기체의 사체를 보존하고 있어요. 먹이를 움켜쥐기 위한 덩굴손과 다섯 개의 눈을 가진 오파비니아 또는 거대한 포식자 아노말로카리스처럼 우리 눈에는 매우 이상하게 보이는 것들도 있어요.

이제부터 시작이에요

비록 우리가 지금 보는 것과 매우 비슷한 초기 동물들은 거의 없지만, 기본적인 종류의 동물들은 5억년 전에 시작되었어요. 누비이불 모양의 에디아카라기 유기체는 대량 멸종으로 사라졌고, 해면동물이나 해파리와 산호 같은 자포동물 또는 단순한 벌레만이 살아남아 캄브리아기에 진화했어요. 현존하는 모든 주요 동물 집단은 현재 이 캄브리아기 유기체들에서 발전한 것들이에요. 벌레는 여전히 벌레예요. 초기 절지동물은 현재 우리가 알고 있는 곤충과 거미와 갑각류로 진화했어요. 그리고 캄브리아기에 처음 나타난 척추동물들은 물고기, 양서류, 파충류, 조류, 포유류로 진화했어요.

콜린시움

위왁시아

육지로의 이동

캄브리아기 동안에도, 모든 생명체는 여전히 바다에 있었어요. 육지는 치명적인 태양 아래 맨 바위밖에 없는 척박한 환경이었어요. 지구 표면은 햇빛의 자외선 복사열로 인하여 거의 폭격을 맞고 있었어요. 이로 인해 육지는 가장 단단한 미생물을 제외하고 어떤 생명체조차도 너무 위험한 곳이었어요. 하지만 지구의 대기는 변하고 있었고, 곧 육지에서도 생명체가 살 수 있게 되었어요.

빛에 의해 타버린 산소

시아노박테리아가 20억년 전에 생산하기 시작했던 산소가 다시 세상을 바꾸었어요. 약 5억년 전, 오존층이 높은 대기권에서 생성되었어요. 오존은 세 개의 산소 원자가 함께 결합되어 있는 산소의 한 형태예요. 일반적인 산소 분자는 두 개의 원자가 서로 결합되어 있어요. 자외선은 대기 중에 있는 산소 분자의 일부를 분리시켰어요. 그런 다음 두 개의 원자들 각자는 다른 산소 분자와 결합해 오존을 만들어냈어요.

자유롭게 돌아다녀요

오존은 자외선을 흡수하기 때문에, 오존층은 결국 육지에서 안전하게 생활할 수 있는 환경을 만들었어요. 적어도 4억 2천만년 전에 최초의 육상 식물이 나타났어요. 현대의 식물과는 달리, 그들은 뿌리나 잎 또는 꽃도 없이 땅 위에 얽혀 퍼져 있는 단순한 줄기였어요. 그들은 줄기의 자실체에서 자라는 포자로 번식을 했어요. 동물은 식물을 따라다녔어요. 절지동물이 먼저 물 밖으로 살금살금 나와 포식자들이 따라올 수 없는 곳에서 잠시 휴식을 취하고, 그런 다음 육지에서 내내 생활하는 데 적응했을거예요. 그 다음으로는 물고기와 같은 어류인 '발 달린 물고기'가 등장했는데, 이 동물은 후에 다리로 진화하는 강한 받침대 같은 지느러미를 타고 진흙 위에서 간신히 움직였어요.

쿡소니아
[4억 3천 3백 ~ 3억 9천 3백만년 전]

틱타알릭
[3억 7천 5백만년 전]

드디어 흙을 얻다

최초의 토양에는 작은 암석과 점토 조각 사이에 미생물이 섞여 있었어요. 식물과 동물이 땅에서 살기 시작하자, 그들의 배설물은 토양을 더욱 풍요롭게 만들었어요. 식물들은 뿌리를 발달시켜 토양에 단단히 고정시켜 영양분을 섭취할 수 있게 되었어요. 뿌리는 또한 흙이 쉽게 붙도록 해서 쉽게 날려가거나 씻겨 내려가지 않도록 했어요. 암석들은 천천히 흙이 덧씌워지면서 더욱 크고 복잡한 식물들을 얻었어요. 동물들은 식물들 사이에서 생존의 터전을 마련하게 되었어요. 동물들 중 일부는 식물을 먹었고 다른 동물을 먹는 동물들도 있었어요. 땅은 마침내 생명의 땅으로 발돋움하기 시작했어요.

기이한 균류

땅에서 처음 자라난 이상한 것들 중에는 프로토택사이트가 있었어요. 높이가 8m에 이르는 이것은 거대한 균류였을 것으로 생각돼요. 그것과 비슷한 것도 없고, 오늘날 그것의 계통을 잇는 것도 없어요.

광익류
[4억 6천 7백 ~ 2억 5천 2백만년 전]

프로토택사이트
[4억 2천 ~ 3억 6천만년 전]

공기를 다시 만들다

대기의 변화는 오존층으로 끝나지 않았어요. 오존 덕분에 가능해진 육지에서의 새로운 생명체는 지구 변화에 커다란 영향을 끼쳤어요.

숲에 사는 생명체

식물들이 땅을 뒤덮기 시작하면서, 지구 대기에 또 다른 거대한 변화를 가져왔어요. 드넓은 숲이 자라면서 공기 중으로 점점 더 많은 산소를 쏟아부었어요.
처음에는 식물과 동물이 내륙에 있는 강줄기를 따라 움직였지만 1억년도 지나지 않아 그들은 멀리까지 퍼져나갔어요. 넓은 지역이 울창한 숲으로 덮여 있었어요. 지구의 생물량은 이전의 800배까지 증가했으며 행성은 생명체로 가득 찼어요.

메가네우라

아르트로플레우라

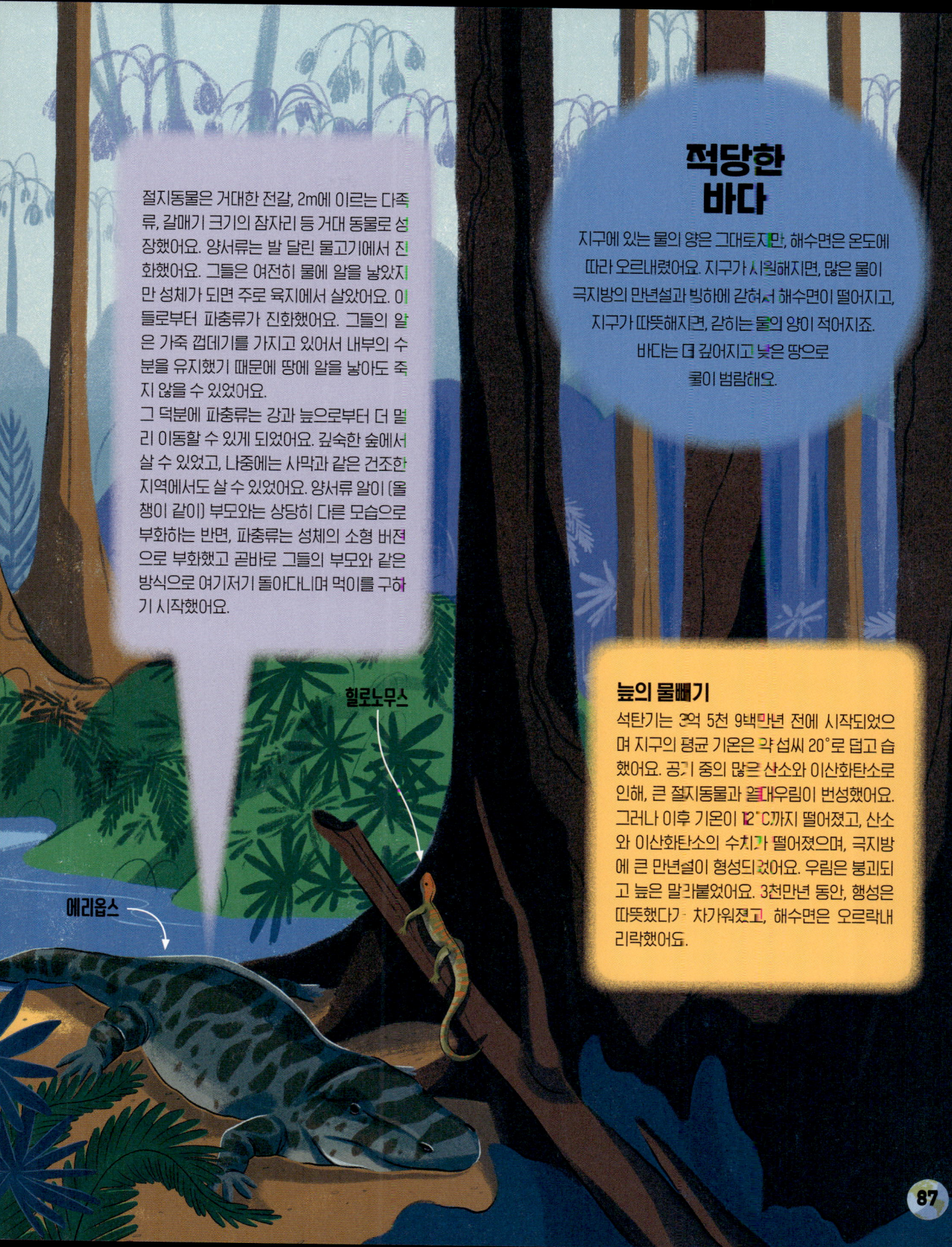

절지동물은 거대한 전갈, 2m에 이르는 다족류, 갈매기 크기의 잠자리 등 거대 동물로 성장했어요. 양서류는 발 달린 물고기에서 진화했어요. 그들은 여전히 물에 알을 낳았지만 성체가 되면 주로 육지에서 살았어요. 이들로부터 파충류가 진화했어요. 그들의 알은 가죽 껍데기를 가지고 있어서 내부의 수분을 유지했기 때문에 땅에 알을 낳아도 죽지 않을 수 있었어요.

그 덕분에 파충류는 강과 늪으로부터 더 멀리 이동할 수 있게 되었어요. 깊숙한 숲에서 살 수 있었고, 나중에는 사막과 같은 건조한 지역에서도 살 수 있었어요. 양서류 알이 (올챙이 같이) 부모와는 상당히 다른 모습으로 부화하는 반면, 파충류는 성체의 소형 버전으로 부화했고 곧바로 그들의 부모와 같은 방식으로 여기저기 돌아다니며 먹이를 구하기 시작했어요.

힐로노무스

에리옵스

적당한 바다

지구에 있는 물의 양은 그대로지만, 해수면은 온도에 따라 오르내렸어요. 지구가 시원해지면, 많은 물이 극지방의 만년설과 빙하에 갇혀서 해수면이 떨어지고, 지구가 따뜻해지면, 갇히는 물의 양이 적어지죠. 바다는 더 깊어지고 낮은 땅으로 물이 범람해요.

늪의 물빼기

석탄기는 3억 5천 9백만년 전에 시작되었으며 지구의 평균 기온은 약 섭씨 20°로 덥고 습했어요. 공기 중의 많은 산소와 이산화탄소로 인해, 큰 절지동물과 열대우림이 번성했어요. 그러나 이후 기온이 12°C까지 떨어졌고, 산소와 이산화탄소의 수치가 떨어졌으며, 극지방에 큰 만년설이 형성되었어요. 우림은 붕괴되고 늪은 말라붙었어요. 3천만년 동안, 행성은 따뜻했다가 차가워졌고, 해수면은 오르락내리락했어요.

화석 만들기

우리는 과거의 동식물에 대해 알 수 있는데, 일부 동식물들이 화석으로 변해 남아 있기 때문이에요. 화석은 유기체가 죽은 후 유기체의 일부분에 있던 화학물질이 변하면서 형성되기 때문에 돌처럼 돼요.

동물은 물속이나 물 근처에서 죽는 경우가 많아요.

퇴적물 층이 동물의 골격을 덮기 시작해요. 부드러운 부분은 썩을 수 있어요.

퇴적물은 굳어서 돌이 돼요. 미네랄은 동물의 골격을 대체하여 화석을 만들어요.

바위가 부식되면서 화석이 노출돼요.

흔하지 않은 화석의 발굴

화석화는 매우 구체적인 조건이 필요해요. 화석이 되는 유기체는 거의 드물며, 화석이 되었다고 해도 매우 드물며 거의 발견되지 않아요. 땅속 깊은 곳에 여전히 묻혀 있는 화석들이 많겠지만, 우리는 암석이 움직이거나, 부식되거나, 땅을 파서 채굴이 되어 지표면에 가까이 있는 화석들만 발견할 수 있어요.

산속의 물고기

해양 생물의 화석은 내륙이나 심지어 가장 높은 산에서도 발견되는 경우가 많아요. 이 화석들은 대륙판 가장자리의 바다 아래에서 형성되었어요. 지각판이 움직이고 결합해서, 이 화석들이 결국 육지 한가운데 있을 수 있어요.

바위 속의 화석

화석화된 발자국

화석의 생성과정

가장 쉽게 화석으로 형성되는 신체는 뼈, 이빨, 발톱, 뿔, 비늘 등 딱딱한 부위예요. 피부와 같은 부드러운 부위는 거의 화석화되지 않아요. 물컹한 몸이 화석이 되는 것은 어렵기 때문에, 우리는 모든 초기 동물들을 포함해서 부드러운 몸을 가진 동물들에 대해 알고 있는 것이 적어요. 식물 중에서는 부드러운 잎보다 씨앗이나 나무 같은 줄기가 더 쉽게 화석이 돼요. 화석은 식물이나 동물이 퇴적물(진흙이나 모래)과 물에 의해 빠르게 덮일 때 형성돼요. 그것은 갑작스러운 홍수나 진흙에 미끄러졌거나 동물이 물에 빠졌을 때(또는 이미 물에 살고 있을 때) 발생할 수 있어요. 신체가 먹히거나, 부서져 떨어지거나 썩어 없어지기 전에 재빨리 묻혀야 해요.
적절한 조건에서, 위의 퇴적물과 물의 압력은 신체 부분과 땅을 퇴적암으로 바꿔줘요. 체내의 화학물질이 바뀌거나 다른 화학물질과 교체되어야 가능해요. 신체는 암석에 갇혀야 화석으로 변해요.

여기에 누가 있었을까?

모든 화석이 신체 부위로 만들어진 것은 아니에요. 어떤 것들은 유기체가 있었던 곳을 알려주기도 해요. 흔적 화석은 발자국, 꼬리 끌림 자국, 굴의 형태, 깃털의 윤곽이나 피부 패턴과 같은 것들을 보존할 수 있어요. 이 모든 것들은 퇴적물이 굳을 때 유지한 자국(움푹 패인)을 만들어요. 흔적 화석은 동물의 행동 방식을 드러낼 수 있지만 신체를 포함하고 있지는 않아요.

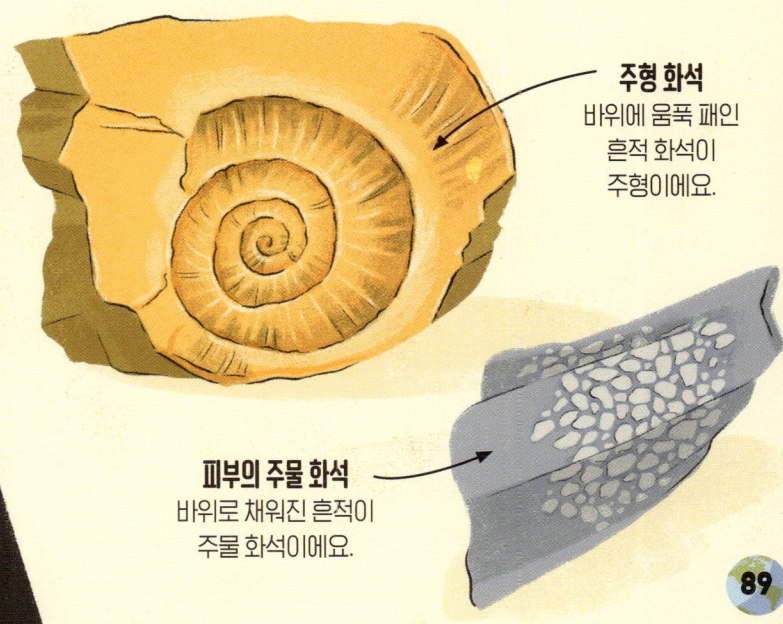

주형 화석
바위에 움푹 패인 흔적 화석이 주형이에요.

피부의 주물 화석
바위로 채워진 흔적이 주물 화석이에요.

동물, 채소, 미네랄

땅 위에 식물과 동물이 엄청나게 증가하면서 지구의 화학물질이 재순환되는 방식이 변하기 시작했어요. 이것은 갑자기 산소가 풍부해진 대기뿐만 아니라 토양, 물, 암석에도 영향을 미쳤어요.

이산화탄소를 흡수하는 해양

탄소의 순환, 빠르거나 느리게

탄소는 초기에 암석과 대기를 통해서만 재순환되었어요. 느린 탄소 순환이었죠. 육지 식물의 확산으로 변화가 생겼어요. 거대한 숲으로 인해 매우 빠른 탄소 순환이 한 번 더 일어났어요. 식물은 광합성을 통해 대기에서 얻은 탄소로 성장해요. 동물들이 식물을 먹을 때, 그들은 식물 안의 탄소를 사용해요.
미생물과 다른 분해자들은 다른 유기체의 폐기물을 분해하여 재사용할 수 있는 탄소를 방출해요. 탄소 원자는 느린 탄소 순환을 통해 작동하면 1억년 또는 그 이상이 걸리는 반면, 이런 식으로 대기에서 추출되어 다시 돌아가는 데는 단지 몇 년 또는 몇 달밖에 걸리지 않아요. 지금은 빠른 탄소 순환과 느린 탄소 순환이 모두 함께 작동해요.

지하의 나무들

석탄기 숲의 나무들이 죽었을 때 모두 다 썩은 것은 아니에요. 일부는 열대 습지에서 퇴적물에 덮여 화석화되었어요. 그들의 탄소는 3억년 동안 땅 속에 있었어요. 그것은 우리가 지금 태우는 석탄이 되었어요. 우리는 결국 그것을 순환하기 위해 되돌리고 있지만 지나치게 빠르죠.

다양한 순환체계

물과 질소를 포함해서 다른 화학물질들도 동식물을 통해 순환해요. 식물과 동물 모두 살기 위해 물을 사용해요. 그들은 액체나 기체와 같은 폐기물의 일부를 방출해요. 여러분은 컵에 숨을 뱉어 컵 표면에 김이 서리는 것을 보면, 얼마나 많은 물을 내쉬는지 알 수 있어요. 어떤 물은 유기체가 죽으면 주위 환경으로 돌아가요. 질소는 살아 있는 모든 세포에 내장되어 있고 미생물에 의해 유기 폐기물로 방출돼요. 어떤 미생물은 공기에서 질소를 가져와 흙에 둠으로써 식물이나 그 식물을 먹는 동물들이 사용할 수 있도록 해요.

암석에 새겨져요

지구의 대륙 지각의 두께는 대부분 35~45km이지만, 단 하나의 단단한 암석층은 아니에요. 그 안에는 수백만 년 동안 쌓인 여러 종류의 암석층이 두껍거나 얇게 쌓여 있어요. 암석은 장소에 따라, 시간이 지나면서 변화해온 상태에 따라 달라요. 나중에 지질학적 활동으로, 층들이 기울어지고 비틀리고 접히면서 복잡하고 풍부한 패턴을 만들었어요.

현무암

암석 단층 — 직선

해마다
새로운 암석이 오래된 암석 위에 놓여 있어요. 이 새로운 암석은 화산에서 나온 화성암일 수도 있고 퇴적암일 수도 있어요. 서로 다른 색조, 질감, 구성은 층이 자리 잡은 상태를 드러내요. 퇴적암은 때때로 화석이나 퇴적물이 모였을 때 갇힌 유기체의 흔적을 포함하고 있어요. 암석층이 방해받지 않으면, 가장 오래된 암석과 화석이 가장 깊은 곳에 있어요.

암석 단층 — 접힘

정말 헷갈리네요!
가장 오래된 암석이 항상 제일 바닥에 있지는 않아요. 지질학적 활동은 암석을 이동시켜 층을 교란시킬 수 있어요. 암석의 무늬는 시간이 지남에 따라 판이 어떻게 올라갔는지, 떨어졌는지, 비틀어졌는지, 접혔는지, 기울어졌는지를 보여줘요. 다른 암석이나 갇힌 결정체의 광맥은 암석이 가열된 곳, 녹은 암석이 더 단단한 암석을 통해 흐른 곳, 물이 미네랄을 암석으로 운반한 곳 등을 나타내고요. 화성암의 층은 화산 분출의 역사를 알려줘요.

암석들이 서로 밀리면서, 암석층들은 접혀 주름이 생길 수 있어요. 압력으로 인해 거대한 판이 갈라지고 한쪽 면이 아래로 또는 옆으로 떨어지기도 해요. 양쪽이나 둘 중의 한쪽이 결국 기울어지죠. 암석의 접힘, 갈라짐, 기울어짐은 모두 과거에 무슨 일이 있었는지 말해줘요.

암석 단층 — 기울어짐

암석 단층 — 미끄러져 어긋

닳아 없어지다

어떤 암석은 다른 암석보다 더 쉽게 부식되거나 풍화돼요. 그래서 '요정의 굴뚝'과 같은 희한한 특징을 만들 수 있어요. 이 높은 기둥들은 부드러운 화산암이 부식될 때, 부식되지 않는 단단한 현무암에 의해 덮인 곳을 제외하고 남아 있는 거예요.

물은 지하의 강, 동굴, 협곡을 만들면서 석회암과 같은 부드러운 바위를 통해 수로를 쉽게 개통시켜요.

구불구불한 강

풍경을 가로질러 흐르는 강의 무늬를 보고 땅의 과거를 알 수 있어요. 굽이쳐 흐르는 강은 육지를 가로질러 하나의 길을 내요. 망처럼 흐르는 강은 여러 물길로 갈라지고, 물길들 사이에 작은 섬들을 남겨요. 망처럼 흐르는 강은 퇴적물이 많은 곳에서 발생해요.

현무암
응회암
망처럼 흐르는 강
굽이쳐 흐르는 강

93

화석의 연대 결정

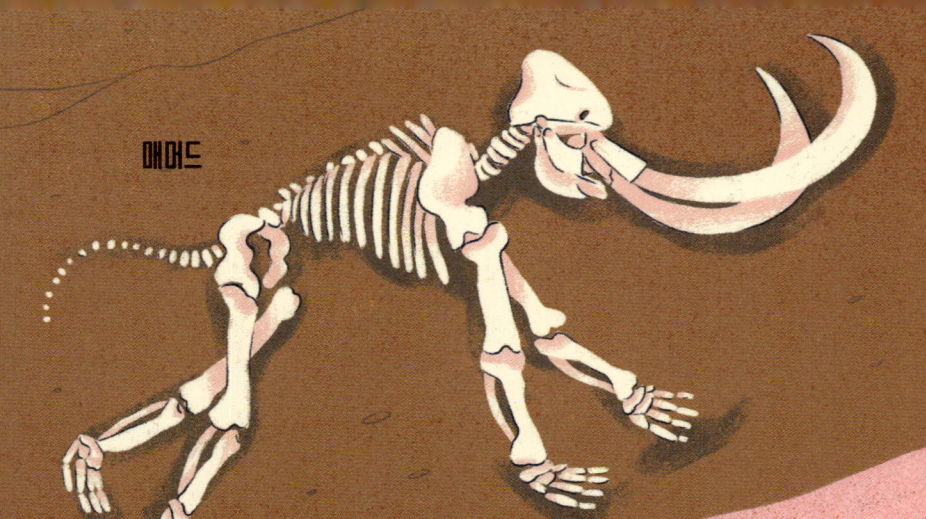
매머드

파키케팔로사우루스

화성암
디메트로돈

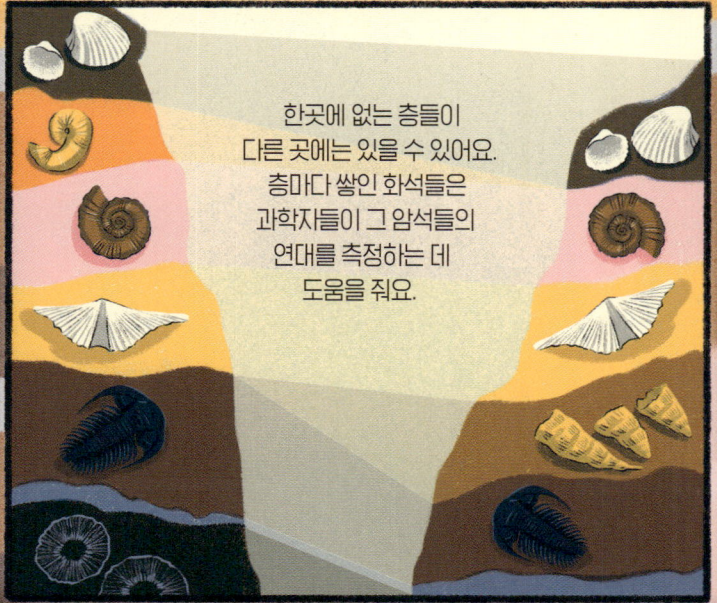
한곳에 없는 층들이 다른 곳에는 있을 수 있어요. 층마다 쌓인 화석들은 과학자들이 그 암석들의 연대를 측정하는 데 도움을 줘요.

삼엽충

모든 것이 측정이 가능해지다

건드리지 않은 암석층에서는 어떤 화석이 가장 오래된 것인지 쉽게 알 수 있어요. 가장 깊숙이 묻혀 있는 것이죠. 화석은 지층의 어디에서 발견되는지를 연구함으로써 연대순으로 분류할 수 있어요. 어떤 유기체들은 백만 년 정도밖에 살아남지 못했어요. 이런 경우 상대적인 연대(어떤 유기체가 다른 유기체보다 나이가 많은지)를 알아내기 쉬워요. 지질학자들은 다른 지역의 암석과 화석을 비교함으로써 땅의 지질학적 역사를 잘 맞출 수 있어요. 지질학자들은 화석이나 암석의 절대적인 연대(실제 나이)를 알아내기 위해 방사성 연대 측정법을 사용해요. 이것은 방사성 동위원소의 원자들이 시간에 따라 변하는 속도에 기초해요. 각 원자 유형별로 고정되어 있거

매장된 화석은 시간이 지나면서 자연적으로 고형화돼요. 누군가가 화석을 파내기 전까지, 그것은 그 화석과 같은 나이의 암석으로 둘러싸여 있어요. 우리는 건드리지 않은 암석의 층들을 보면 화석을 연대순으로 배열할 수 있어요.

다른 종류의 암코나이트들은 지질학자들이 암석의 연대를 측정하는 데 도움을 줘요.

백악기 — 스케피테스 히포크레피스

쥐라기 — 페리스핑크테스 티치아니

트라이아스기 — 트로피테스 스불라투스

화석 찾아보기

해안가의 해저에 형성된 화석은 지각판이 움직이고 해수면이 오르내리면서 이동하는 경우가 많아요. 그들은 땅속 깊은 곳에 묻히게 될 수도 있고, 판들이 충돌하면서 해안가의 암석이 위로 밀릴 때 노출될 수도 있어요. 현재 로키산맥에 있는 버지스 셰일 화석층에는 캄브리아기 해저에서 나온 수천 개의 화석이 있어요. 화석은 바위가 부식되거나 산사태로 인해 화석이 드러날 때 노출되는 경우가 많아요. 때로는 다른 시대의 화석들이 절벽이나 채석장에서 발견되기도 해요. 사람들이 1700년대에 운하를 건설하고 더 많은 광산을 파내기 시작했을 때, 그들은 다른 화석들이 암석의 다른 층들과 연관되어 있다는 것을 발견했어요.

양치류

자이로프티키우스

화성암

색인 화석 보기

매우 흔했지단 짧은 기간 동안 생존했던 유기체의 화석은 과학자들이 색인 화석으로 쓰는 경우가 많아요. 암석층에서 그들의 존재는 세계 어느 곳에서 발견되든 상관없이 꽤 정확하게 연대를 나타내요.

든요. 변화된 원자와 변하지 않은 원자의 비율로, 암석의 나이를 알아내는 것이 가능해요. 절대적인 나이는 우리의 연대 측정 기술이 발전함에 따라 약간 변하지만, 상대적인 나이는 변하지 않아요. 예를 들어, 우리는 절대 공룡이 해면동물 이전에 나타났다고 생각하지 않을 테니까요.

대멸종 사건

지구의 상황은 항상 변해요. 변화가 느릴 때는 유기체들이 환경에 적응하면서 다른 신체나 행동 방식이나 이동 방식을 진화시킬 수 있어요. 그러나 변화가 빠르거나 극단적일 때는 많은 유기체들이 빨리 적응하지 못하고 멸종하고 말아요. 만약 모든 종의 4분의 3이 동시에 멸종한다면, 과학자들은 멸종 사건을 확실하게 알 거예요. 대멸종은 지구상의 생명체의 균형을 완전히 바꿔놓아요.

파키케팔로사우루스

트리케라톱스

다섯 번의 대멸종 사건

기후 변화로 인해 지난 5억년 동안 적어도 5번의 대멸종이 있었어요. 광범위한 화산 폭발, 대기의 변화, 그리고 지구와 충돌하는 소행성은 기후 변화를 일으킬 수 있어요. 약 4억 4천만년 전, 온도와 해수면이 모두 떨어졌을 때 종의 86%가 죽었어요. 육지 식물의 급속한 번성은 3억 6천 4백만년 전에 또 다른 대멸종의 계기가 되었어요. 최악의 대멸종 사건은 화산에 의한 것이며, 가장 최근의 사건은 약 6,600만년 전 멕시코 유카탄반도에 떨어진 소행성 충돌에 의한 것이었어요.

삼엽충은 약 2억 5천 2백만년 전에 멸종되었어요.

6천 5백만년 전에 소행성 충돌

빠르거나 느림

대부분의 대멸종 사건은 수십만 년 또는 수백만 년에 걸쳐 일어나요. 그와는 달리, 공룡은 6,550만년 전에 갑작스러운 멸종 사건으로 종말을 맞이했어요. 불과 몇 분 만에 소행성의 충돌에 의해 촉발된 사건이었어요. 소행성 충돌의 재앙적인 영향으로 공룡 세상이 파괴되는 데 단지 몇 년 밖에 걸리지 않았을 거예요.

오르니토미무스

케찰코아틀루스는 약 6,550만년 전에 멸종되었어요.

지구 최대의 재앙, 그 이후

가장 큰 대량 멸종인 '대살상'은 2억 5천 2백만년 전에 일어났어요. 거대한 화산 폭발은 대기와 기후를 변화시켰고, 지구 종의 96%를 죽였어요. 습지 숲의 양서류에서 진화했던 큰 파충류들은 대부분 멸종되었어요. 생명이 회복되는 데 약 8백만년이 걸렸어요. 사건이 일어났을 때, 더 작고 빠른 파충류들이 진화했어요. 그들이 최초의 공룡이 되었어요. 또 다른 일련의 멸종 사건들은 공룡들이 물려받아 거대한 크기로 성장할 수 있는 길을 열어주었어요.

파라사우롤로푸스는 약 7,300만년 전에 멸종되었어요.

도도새는 1681년에 멸종되었어요.

또 시작이네요

우리는 지금 인간에 의해 야기된, 앞으로 닥칠 멸종 사건의 시작점에 있어요. 이미 100만 종의 생물들이 멸종 위기에 처해 있어요. 멸종 사건은 단 몇 백 년 안에 진행될 수도 있어요.

6장

미리 가보는 인류의 미래 여행

공룡의 죽음으로 비어버린 공간에 포유류가 자리를 잡기 위해 일어섰어요. 소형 포유류는 2억 3,000만년 전에 처음 등장했지만, 그들이 감당하기에는 너무나 큰 재앙이 수없이 일어났어요. 6천 5백만년 전에 시작하여, 그들은 더 크고 다양해지면서 전 세계로 퍼져나갔어요. 인간은 이 그룹에 속하며, 영장류라고 불리는 특정한 작은 그룹에도 속해요. 나무 사이를 질주하는 작고 다람쥐 같은 동물로부터 원숭이와 유인원이 진화했어요.

마침내, 약 7백만년 전에, 인간을 이끌 그룹이 다른 유인원들로부터 분리되었어요.

현대 인류는 지구상에 불과 30만년에서 20만년 동안 존재해왔어요. 그 시간 동안, 우리는 시아노박테리아가 20억년 전에 산소를 뿜어내기 시작한 이래, 어떤 단일 유기체보다 지구 이야기의 경로를 더 많이 바꾸어 놓았어요.

칼로 베고, 불로 태우고

인간은 아프리카의 평야와 숲 속의 또 다른 동물로 진화했어요. 집고양이부터 사자, 재규어, 호랑이까지 많은 종의 고양이류가 있는 것처럼, 우리 호모 사피엔스만이 유일하게 남아 있는 종이긴 했지만, 많은 인간의 종이 있었어요.

호모 에렉투스

호모 하빌리스

인류 진화론

7백만년 전, 영장류의 한 종류는 두 개의 다른 후손들을 낳았어요. 하나는 침팬지가 되었고 다른 하나는 인간이 되었어요. 최초의 인간형 영장류인 **오스트랄로피테쿠스 아파렌시스**는 약 300만년 전에 진화했어요. 호모 하빌리스라고 불리는 최초의 **호모** 종은 약 230만년 전에 등장했고 간단한 석기를 만들었어요. **호모 에렉투스**는 약 2백만년 전에 좀 더 발전을 이뤘어요. 그들은 더 나은 석기를 만들었고, 불을 사용하는 법과 음식을 요리하는 법을 배웠어요. 불을 사용하는 것은 그 어떤 생물도 해본 적이 없는 일이었어요. 네안데르탈인(**호모 네안데르탈리스**)을 포함한 후대의 인간들은 옷, 언어, 건물과 같은 더 많은 업적들을 추가했어요. 도구, 옷, 불, 언어를 가진 인간들은 심지어 **호모 사피엔스**가 진화하기 훨씬 전에 도래했어요.

우리 안의 네안데르탈인

호모 사피엔스는 네안데르탈인과 교배했어요. 우리는 많은 유럽인들이 유전 물질의 약 2%를 네안데르탈인과 공유하고 있기 때문에 이것을 알고 있어요. 우리는 네안데르탈인의 사체를 연구함으로써 이 사실을 발견했어요.

초기 호모 사피엔스

파괴의 길

현생 인류가 등장한 이후, 다른 종의 인간들은 서서히 멸종했어요. 이유는 분명하지 않아요. 우리가 다른 종족들을 앞지르거나 그들과 전쟁을 벌였을까? 아니면 다른 이유로 죽었을까?

호모 사피엔스는 아프리카와 전 세계로 퍼져나갔으며, 처음에는 네안데르탈인과 함께 살고 번식했지만, 결국 그들을 대체했어요. 4만년 전에, 다른 종들은 모두 사라졌어요.

인간은 처음부터 세상을 바꾸기 시작했어요. 나무로 된 창을 이용해, 큰 동물들을 죽일 수 있었으며 실제로 그렇게 했어요. 인간이 진입한 모든 지역에서 대형 동물이 멸종했어요. 5만에서 3만년 전 사이에, 대형 동물의 반이 멸종되었어요. 인간은 불을 이용해 살기 위해 땅을 개간했어요. 옷을 입게 되자, 벌거벗은 상태로는 너무 추웠던 지역으로 떠날 수 있었어요. 언어를 통해, 훨씬 더 큰 변화를 만들기 위해 함께 협력하기 시작했어요.

유럽
4만 5천년 전

레반트, 아라비아반도
12만년에서 9만년 전

북아시아
20,000년 전

아메리카
15,000년 전

아프리카의 호모 사피엔스
15만년에서 20만년 전

남아시아, 인도네시아, 오스트레일리아
5만년 전

땅 점령하기, 정착 생활의 시작

처음에 인간은 동물을 사냥하고 과일과 씨앗을 수집하며 땅을 이곳저곳 돌아다녔어요. 그들의 수는 적었고 생물권에 거의 영향을 미치지 않았어요. 그러나 약 11,000년 전, 사람들은 현대 세계를 향해 중대한 발걸음을 내디뎠고, 이는 곧 환경과 다른 종들에 훨씬 더 큰 영향을 미쳤어요.

농장의 집

먹이로 삼는 동물이나 먹을 수 있는 식물을 쫓는 대신, 사람들은 공동체에 정착하기 시작했어요. 그들은 영구적인 정착지를 만들고, 동식물을 사육하고 길들이면서 땅을 경작했어요.

농사는 환경을 빠르게 변화시켰어요. 사람들은 나무를 베거나 불태우며 땅을 개간하기 시작했어요. 그들은 농작물에 물을 대기 위해 시냇물과 강을 우회시키려고 관개 수로를 팠어요. 염소, 양, 돼지, 소와 같은 동물들을 포획하고 길렀어요. 농장 동물들을 늑대로부터 보호하려고 개를 길렀어요.

사람들은 농작물을 키우기 전에 동물을 키웠을 거예요.

온실 효과의 결과

이러한 농업 혁명은 마지막 최대 빙하기(주로 '빙하시대'라고 부름)라고 하는 한랭기가 끝날 즈음 일어났어요. 얼음은 북유럽과 아시아와 북아메리카의 절반을 뒤덮었어요. 전 세계의 평균 기온은 섭씨 80도였고, 20세기에는 섭씨 14°였어요. 거의 1만 2천년 전 빙하기가 끝날 무렵에는 대기 중의 이산화탄소 수치가 증가하고 온도가 상승하여 세계 많은 지역에서 농작물을 재배할 수 있게 되었어요. 만약 그때 세상이 따뜻해지지 않았다면, 인류는 지금과 같은 길을 가고 있지 않을 수도 있어요.

인간, 진화를 통제하다

인간이 동식물을 이용하기 시작하자마자, 그들은 동식물을 바꾸기 시작했어요. 사람들이 원하는 특징을 가진 개체들을 골라 같이 번식시킴으로써 일부 유기체의 진화를 모색했어요. 그들은 더 많은 우유를 만들거나 더 많은 고기를 가진 동물들을 생산했고, 더 맛있고, 더 크고, 먹기 쉬운 과일과 채소를 길렀어요. 인간은 유전학과 유기체의 특성이 세대 간에 어떻게 전해지는지 이해하기 훨씬 전에 이것을 해냈어요.

그들과 우리

지구에 있는 유기체의 총 질량은 생물량이라고 불려요. 육상 포유류의 생물량은 5만년 전의 7분의 1 수준으로 떨어졌어요. 식물의 생물량도 절반으로 줄었어요. 오늘날, 육상 포유류의 총생물량의 96%는 대부분 소와 돼지인 농장 동물이에요.

103

이 모든 것을 함께 이루어내다

농사를 잘 짓기 위해서는 사람들이 함께 일해야 했어요. 개인이 따로 기를 수 있는 것보다 더 많은 식량을 생산하고, 농업을 하는 사람들이 먹어야 하는 것보다 더 많은 식량을 생산해 냈어요. 그것은 일부 사람들이 다른 일을 할 수 있는 자유를 주었고, 농업이 정착되면서, 곧 문명이 시작되었어요.

질병에 걸리다

사람들이 동물들과 가까이 살면서 질병이 문제가 되었어요. 독감과 결핵과 같은 몇몇 질병들은 사람들이 기르던 동물에서 사람으로 옮겨졌어요. 밀집해서 사는 사람들은 서로에게 쉽게 병을 옮겼어요. 문명이 성장하면서, 사람들은 무역뿐만 아니라 다른 정착지를 침략하고 약탈하기 시작했어요. 그들은 질병을 한 곳에서 다른 곳으로 옮기기도 했어요.

협동하는 사람들은 업무를 분담하여 더 생산적인 그룹을 만들었어요.

한곳에 정착하기

사람들은 농사를 짓기 위해 같은 장소에 머물러야 했어요. 그래서 영구적인 정착지를 건설했어요. 처음에는 거처들이 모여 부락으로 성장했지만, 나중에는 마을과 도시가 되었어요. 최초의 성곽도시는 8,500년 전에 세워진 예리코(지금의 팔레스타인에 있는)였어요. 그것은 2,500명의 사람들을 수용했어요. 다른 도시들은 비옥한 땅과 따뜻한 기후의 지역이 작물을 재배하기에 알맞아 생활하기 수월한 중동에 세워졌어요. 도시 주변의 농장들로부터 신뢰할만한 식량을 공급받음으로써 인구가 빠르게 증가했어요. 꾸준한 식량 공급 덕분에 사람들은 다른 일을 할 수 있는 자유로운 시간이 생겼어요.

그들은 직물, 섬세한 도자기, 심지어 유리를 만드는 방법까지 발견했어요. 땅에서는 도구, 무기, 장식용 보석으로 만들 수 있는 금속을 발견했어요. 문자, 조직화된 종교, 건축, 공학, 수학, 천문학은 모두 지금의 이라크와 시리아 지역에서 시작되었어요. 예술, 문학, 음악, 간단한 기술들 덕분에 삶은 더욱 즐거워졌어요.

고대 성곽 도시, 우르

이슈타르 문 | 바빌론의 도시

만리장성

도시경관

최초로 지은 인간의 집은 동굴이었고 풍경에 변화가 없었을 거예요. 다음으로, 나뭇가지나 쌓아 올린 바위로 만든 작은 거처는 흔적도 거의 남지 않고 아무것도 변화시키지 못했을 거예요. 그러나 사람들이 더 영구적인 집을 짓기 시작하자, 초목을 자르거나 태워 땅을 개간해야 했어요. 그들은 집을 쉽게 짓도록 땅을 파고 평평하게 했어요. 점토를 구워 벽돌을 만들었어요. 도랑과 운하를 파서 물이 도시로 흘러들어가게 했어요. 인간은 이전의 어떤 유기체보다 더 큰 변화를 만들어냈어요. 지표면을 바꿈으로써, 지표면의 물의 흐름과 다른 유기체의 서식지에 영향을 미쳤죠. 그들만의 지구를 형성하기 시작했어요.

지구를 변화시키기

인간은 땅의 표면뿐만 아니라 발밑의 지구 깊숙한 곳도 바꾸었어요. 광산과 채석장을 통해 암석의 정맥에서 금속과 광물들을 찾아내고, 다듬어 자연적으로 일어날 수 없는 방식으로 결합했어요.

지상과 지하

초기 인간들은 뼈, 부싯돌, 나무로 만들어진 간단한 도구로, 거대한 돌덩어리를 파내고 모양을 만들어 일반적으로 발견될 수 없는 지역으로 옮겼어요. 그들은 그것들을 사용해 영국의 스톤헨지, 이집트와 남아메리카의 피라미드와 같이 수천 년 동안 지속될 구조물을 만들었어요.

사람들은 또한 처음에는 땅속에서 금속을 수집했어요. 고대 이집트인들은 5,000년 전에 운석에서 철을 채취해 사용했어요. 나중에 그들은 암석과 지하에서 금속을 채취하여 광산을 파헤치고 광석을 채취하여 제련이라고 불리는 과정에서 가열을 해서 금속을 분리해 냈어요. 그들은 더 나은 도구와 무기를 만들기 위해 금속을 사용했어요.

신석기 부싯돌 광산

초기 금속 제련

사람들은 자연에서 볼 수 없는 새로운 방식으로 금속들을 섞어 합금을 만들기 시작했어요. 이 새로운 금속들은 다른 구성 요소와 성질을 가지고 있었어요. 청동기 시대와 철기 시대는 인류 기술에 있어서 커다란 도약이 되었어요.

106

사용하는 것에서 장식까지

금속의 사용은 엄격히 말해 유용한 것 그 이상이었어요. 일단 사람들은 살아남기 위해 필요한 것을 얻으면, 금이나 은과 같은 귀금속을 캐고 모아 장식품을 만드는 데 사용하는 원석을 연마했어요. 어떤 자연적인 과정으로도 이 금속들을 큰 덩어리로 모으고 정제하고 모양을 만들 수 없었을 거예요. 그 어떤 유기체도 지구의 자원에 그렇게 고의적이고 지속적인 물리적, 화학적 변화를 준 적이 없었어요.

스톤헨지 건설

인간이 만든 암석

인간은 지구의 암석을 옮기고 형성하는 일 그 이상을 했어요. 로마인들은 화산재, 석회, 부서진 바위 조각이나 벽돌로 콘크리트를 만들었어요. 그들의 방수와 콘크리트는 지금까지 2,000년이 지나도록 사용하고 있어요. 그들은 또한 5,600년 전 중동에서 모래를 녹여 융합함으로써 유리 제조를 지속적으로 발전시켰어요.

이탈리아 로마의 콜로세움

과거를 태우다

사람들은 채석과 채광을 통해 지구의 표면을 바꾸었지만, 연료를 태움으로써 지구의 대기를 바꿔놓았어요.

처음으로 태우기 시작하다

인간이 불을 처음 사용했을 때는 나무와 다른 식물들을 태웠어요. 이렇게 되면 이산화탄소가 소규모로 대기중으로 배출되고, 그 나무들이 죽어서 어차피 몇 년 뒤 탄소를 방출했을 것이기 때문에 영향이 거의 없었어요. 몇 천 년 전에, 사람들은 석탄과 석유 그리고 관련 산출물과 같은 화석 연료를 발견했어요. 이것들은 훨씬 더 많은 영향을 미칠 거예요.

최초의 연료

고대 이집트와 바빌론에서는 기름이 증발하면서 남은 타르 잔여물인 역청이 건물과 미라 제작, 선박 방수 등에 사용되었지만 잘 연소되지는 않았어요.

화석 연료는 2,000년 전에 난방과 조명을 위해 대나무 파이프로 집에 가스를 운반했던 중국에서 처음 연소되었어요. 로마인들도 보통 올리브와 같은 식물성 기름을 휴대용 램프에서 태웠어요.

등불에 기름을 태우는 로마인들

천연 역청 퇴적물

엔진을 돌리다

1760년경 유럽과 북아메리카 사람들은 증기로 가동되는 기계를 사용해서 산업을 기계화하기 시작했어요. 이것을 산업혁명이라고 불러요. 석탄을 태워 물을 가열해서 증기를 만들었어요. 증기는 산업 기계에 동력을 공급했고 곧 기차와 배 운행에도 사용되었어요. 사람들은 석유와 메탄가스도 태우기 시작했어요. 기계가 증기 발전에서 전기로 이동하면서 발전소에서 화석 연료가 사용되었어요. 이제 우리는 자동차에 전기를 얻기 위해, 집을 난방하고 산업을 운영하기 위해 화석연료를 태워요.

다 타버렸어요

화석 연료를 태우면 3억 5천만년 동안 묻혀 있던 탄소가 방출돼요. 우리는 석탄, 석유, 가스에 갇혀 있던 수백만 년 분량의 탄소를 불과 250년 만에 방출했어요. 그것도 대부분 최근 50년 동안 배출하게 되었어요. 동시에, 우리는 탄소를 가둘 수 있는 나무숲들을 점점 더 많이 베어냈어요. 이산화탄소는 150년 만에 지구 행성의 온도를 1°C 상승시켰어요. 점진적인 상승으로 보일 수도 있지만 지질학적으로 보면 엄청나게 빠른 속도예요. 이것은 날씨, 해류, 심지어 해수면까지 변화시켜요.

석유와 가스

석탄이 화석화된 나무인 반면, 석유는 열과 엄청난 압력에 짓눌린 해양 미생물의 작은 몸통으로 만들어졌어요. 지하 깊은 곳의 석유 매장량은 위의 암석에 갇힌 메탄가스를 방출시키는 경우가 많아요.

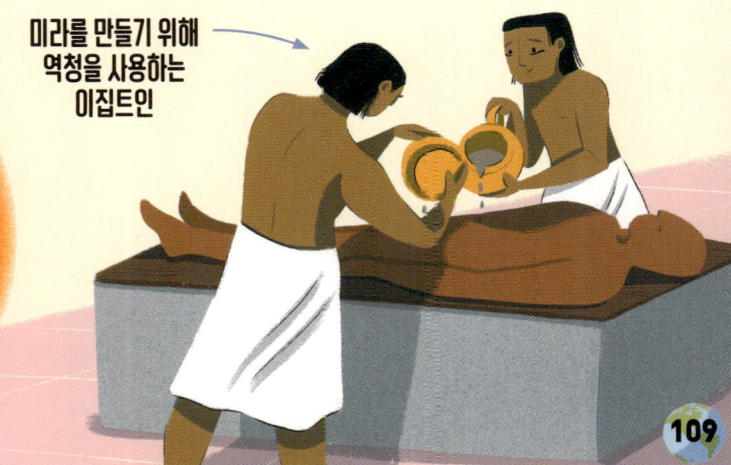

미라를 만들기 위해 역청을 사용하는 이집트인

해양에 버려지는 플라스틱 쓰레기

낡은 분자를 위한 새로운 분자

지구와 우주의 다른 곳에서는 원자들이 적절한 조건에서 분자를 형성하기 위해 결합해요. 어떤 화합물들은 높은 압력이나 온도에서 또는 반응을 촉진하는 다른 화학물질이 존재할 때만 형성돼요. 인간은 화학물질을 모아 완전히 새로운 물질을 만들면서, 자연적으로 일어날 수 없는 환경들을 지구상에 만들어냈어요.

박테리아에 의한 플라스틱 분해

플라스틱의 경고

생물의 몸을 구성하는 유기화학 물질은 생물이 죽으면 자연적으로 분해돼요. 미생물은 그것들을 분해해서 재순환할 수 있도록 진화했어요. 우리가 만든 일부 새로운 물질은 자연적으로 부패하지 않아요. 의자에 사용되는 딱딱한 플라스틱, 음료수 컵과 포장에 사용되는 폴리스티렌 폼, 플리스나 라이크라 같은 직물, 과자에 쓰이는 플라스틱 필름과 같은 재료들은 분해되지 않아요. 분해자들이 그것들을 분해하기 위해 진화할 만큼 충분한 시간이 흐르지 않았으니까요. 이것은 작은 조각들로 부서지면서 수천 년이나 수백만 년 동안 지속될 수도 있어요. 가장 작은 조각들은 미세 플라스틱이라고 불려요.

우리가 이러한 물질들을 점점 더 많이 사용하게 되면서, 육지와 바다 등 주변 환경에 점점 쌓이고 있어요. 모든 곳의 야생 동물들에게 영향을 미치고 있는데, 아주 위험해요. 미세 플라스틱은 미생물에서 고래 그리고 인간에 이르기까지 유기체 내부에서 발견되어 왔어요. 우리가 만든 플라스틱과 여러 다른 인공 분자들이 지구의 모습을 서서히 바꾸어 놓고 있어요.

비닐봉지를 먹는 왁스웜 애벌레

미래에 대한 희망?

생명은 항상 적응하고 진화해요. 몇몇 미생물들과 왁스웜 애벌레와 같은 더 큰 유기체들은 어떤 종류의 플라스틱을 먹고 분해하기 위해 진화하고 있어요. 더 다행인 점은 일부 새로운 플라스틱은 식물 재료로 만들어지며 자연적으로 분해된다는 거예요.

합금에서 플라스틱까지

사람들은 수천 년 전에, 녹은 금속들을 혼합해서 합금을 만들어냈어요. 합금은 서로 다른 금속의 원자 사이에 화학적 결합이 없으므로, 혼합물이에요. 사람들은 실험을 통해 시멘트와 같은 화합물을 포함하여, 지구상에서 자연적으로 발견되지 않는 다른 물질들을 만들기 시작했어요. 더 최근에는, 화학 덕분에 자연에서 생성하지 않는 유기 화합물을 얻게 되었어요. 유기 화합물은 탄소와 수소를 포함하고 있어요. 이러한 새로운 화합물들 중 다수는 고분자인데, 이는 반복되는 원자 패턴의 긴 사슬로 만들어진 분자들이에요. 플라스틱은 모두 유기 고분자예요. 대부분 석유로 만들어져요.

대혼란을 가져오다

인간은 불과 1만년 동안 지구를 알아볼 수 없을 정도로 변화시켜 왔어요.
우리는 이제 영향력을 억제하는 법을 배워야 해요.
위험한 지구 온난화와 대량 멸종을 막기 위해 다르게 좀 행동해야만 해요.

비어 있는 땅

아메리카 원주민들은 수천 년 동안 북아메리카의 야생 동물들과 함께 살아왔지만, 개척자들이 균형을 깨뜨렸어요. 평원은 한때 거대한 들소 떼의 집이었어요. 1870년부터 1890년까지 20년에 걸쳐 백인 미국인들이 그들을 학살했고, 들소의 개체수는 1,100만 명에서 500만으로 줄었어요.

점점 더워지다

화석 연료를 태우는 것만이 온실가스를 대기에 추가하는 유일한 방법은 아니에요. 소고기와 우유를 위해 사육되는 소들 또한 많은 양의 메탄을 생산해요. 이산화탄소와 메탄이 함께 온도를 상승시키고 있어요. 세상이 더 더워지면 만년설과 빙하가 녹아 해수면이 상승하고 저지대가 범람할 거예요. 교통수단, 난방, 또한 허리케인과 홍수와 같은 더 극단적인 문제를 초래하면서 날씨를 변화시켜요. 어떤 장소들은 너무 덥고 건조해서 유기체들이 생존하거나 사람들이 살고 농사를 지을 수 없게 될 거예요.

오랑우탄 가족

삼림 벌채는 자연 서식지를 파괴하고 있어요.

꽃가루 매개자 : 벌

화학 살충제는 곤충들은 물론 농작물이 자라기 위해 의존하는 많은 것들을 죽여요.

예상치 못한 결과를 가져오다

생물권은 서로 의존하는 복잡한 유기체 그물이에요. 한 부분을 바꾸면 연쇄반응이 일어나요. 1930년대에 북미의 거대한 농경지가 가뭄과 먼지 폭풍 때문에 황폐화된 적이 있어요. 농부들은 대초원을 거대한 밀밭으로 대체했어요. 풀은 흙을 제자리에 고정시키는 반면, 밀은 뿌리가 얕아 그렇지 못했어요. 건조한 환경이 되자, 바람이 흙을 휙휙 날려 보내 땅을 사용할 수 없게 된 거예요. 1950년대에는, 미국에서 살충제 과다 사용으로 농작물에 피해를주는 해충뿐만 아니라 익충들과 곤충을 잡아먹는 포식자까지 죽였어요. 1958년 중국에서 농작물을 먹는 참새를 죽이려는 운동이 벌어지자, 평소라면 참새가 잡아먹었을 곤충으로 인해 전염병이 발생했어요. 이런 재앙은 생명의 거미줄이 얼마나 복잡하고 섬세한지 알려줘요.

멸종의 시기 도래

땅에서는 서식지 파괴, 살충제 사용, 오염으로 인도네시아 오랑우탄을 포함한 야생 동물이 죽어가요. 농사는 풍부한 생태계를 한두 종의 농사로 대체해요. 바다에서는, 우리가 지나치게 많은 어종을 포획하는 바람에 거의 아무것도 살지 않는 데드존이 생겼어요.
산호초는 파괴되고, 어선에 의해 부서지고, 더 뜨거워지고 산성화되는 바다 때문에 스트레스를 받아요. 이 모든 것이 생물 다양성을 감소시켜요. 다양한 생물권은 강하며 탄력적이에요. 다양성이 부족해지면 전체 생물 체계를 취약하게 만들어요. 과학자들은 우리가 여섯 번째 대멸종의 시작점에 있다고 믿어요. 모두 우리 스스로가 가져온 거예요.

1930년대 미국의 황사 폭풍은 숨을 쉴 수 없는 공기를 만들 뿐만 아니라 땅도 파괴했어요.

건강한 산호

뜨겁거나 산성인 바다에 있는 산호는 도움이 되는 해조류를 잃어 하얗게 변해요.

표백된 산호

우주에서 바라본 풍경

인간은 이제 우주를 탐험하기 위해, 그리고 다른 생명체를 찾기 위해 우주를 탐색하고 있어요. 다른 생명체들이 우리가 하는 일을 보고 있다면 어떨까요? 그들이 보는 것은 무엇일까요? 우주에서 바라본 우리 행성은 어떻게 생겼나요?

생명의 신호

우주 과학자들이 다른 곳에서 생명의 흔적을 찾는 방법 중 하나는 '생명 지표'를 찾는 거예요. 이것은 생명이 존재한다는 것을 암시하는 화학적 흔적들이에요.

지구를 바라보고 있는 외계인이라면 인간이 태어나기 훨씬 전에 생명 지표를 발견할 수 있었을 거예요. 수십억 년 전, 메탄, 질소, 물, 이산화탄소의 조합은 호기심 많은 외계인들에게 경각심을 주었을 거예요. 이 가스들은 몇 년 안에 모든 메탄을 제거하기 위해 반응할 거예요. 지구에서는 미생물이 메탄을 대체하고 있었어요.

약 4억년 전 육지 식물의 진화로 예상 밖의 많은 산소를 대기로 방출했어요. 산소는 다른 물질과 쉽게 반응해서 식물로 대체되지 않는 한 빠르게 제거될 거예요. 몇몇 먼 행성에서 외계인들은 미생물의 출현과 식물의 성장을 추적할 수 있었을 거예요.

지구를 떠나며

인간은 지구상에서 행성을 떠나 우주로 여행하는 최초의 종이에요. 지금까지 달 너머로 간 사람은 없지만, 우리는 태양계 주변에 우주 탐사선(무인 우주선)을 보냈어요. 심지어 태양계 너머로 보이저 1호와 2호를 보내 외계인을 찾을 수 있는 메시지를 전달하기도 했어요.

신기원 달성

훨씬 최근에, 이산화탄소의 배출량은 매년 달라지기 시작했어요. 세계의 북반부에는 겨울 동안 더 많은 이산화탄소가 발생했어요.
대부분의 사람들이 북쪽에 살고 있고, 겨울에는 화석연료를 더 많이 사용하기 때문이죠. 배후에 무언가가 살고 있지 않는 한, 지구 행성이 그렇게 매년 변화하는 가스 패턴을 감소시킬 가능성은 거의 없어요.

우주로 방송하다

심지어 우리의 무선 신호도 우주로 새어나가는 것이 발견될 수 있어요. 지구로부터 100광년 이하의 무선 장비를 가진 외계인은 명백히 자연적으로 생성된 것이 아닌 신호를 포착할 수 있어요. 매우 진보한 적절한 종류의 망원경(우리가 아직 가지고 있지 않지만, 연구 중인)으로, 그들은 우리의 대륙을 자세히 지켜보면서 도시의 신호를 보내는 지점들도 볼 수 있을지 몰라요.

먼 미래에서 바라보기

인류가 지구에 해를 끼치는 것을 멈추고 우리의 세계를 공유하는 유기체들에게 우리가 저지른 피해를 너무 늦기 전에 바로잡을 수 있을까요? 아직 시간은 있지만 빨리 행동하고 힘을 합쳐야 해요.

피할 수 있는 황량한 미래?

나부터 변화하기

화석 연료 대신 풍력, 태양광, 수자원을 에너지로 사용하는 것이 쉽게 가능해요. 우리는 또한 지하의 열도 사용할 수 있어요. 대기에 이산화탄소나 오염을 더하지 않는 지속 가능한 에너지원들이에요.

사람들이 고기를 덜 먹는다면, 우리는 땅을 더 신중하게 사용할 수 있을 것이고, 야생 동물이 더 많이 이용할 수 있게 될 거예요. 육류를 공급하는 일은 많은 온실가스를 생산해요. 만약 우리가 식물을 식단의 더 중요한 부분으로 대체한다면, 지구를 손상시키지 않으면서 세상 사람들에게 쉽게 음식을 공급할 수도 있어요.

우리는 유독성 폐기물을 줄이고 공기, 땅, 물을 더 깨끗하게 유지해야 해요. 버리는 문화는 100년도 채 안 되었어요. 사람들은 일회용 포장과 매년 휴대폰 교체 없이도 수천 년을 살아왔기 때문에 또 그렇게 할 수 있어요.

태양 전지판

벼랑 끝에서 돌아오다

코로나 19가 대유행하는 동안 2020년과 2021년의 전세계적인 폐쇄는 우리가 산업과 운송을 늦추면 공기가 얼마나 빨리 깨끗해지고 야생 동물이 번성할 수 있는지를 보여주었어요. 자원을 신중하게 사용하고, 재생 가능한 에너지를 사용하고, 자연 서식지를 보호함으로써 우리는 파괴를 되돌릴 수 있어요. 여전히 세계의 일부 지역을 거주할 수 없게 만드는 지구 온난화를 늦추거나 멈출 수 있어요. 우리가 서로 의지하고 있는 유기체를 구하고 함께 살 수 있어요. 우리 인류가 미래에도 지구 역사의 일부로 남을 수 있도록 노력할 가치가 있답니다.

풍력 터빈

더 지속 가능한 미래?

하나뿐인 지구

인간은 천연자원을 무분별하게 사용하고 있어요. 지속 가능한 생활방식은 지구가 가진 자원만 사용하는 거예요. 어떤 사람들은 이보다 훨씬 더 많은 자원을 사용해요. 만약 전 세계 모든 사람이 평균 미국인이 사용하는 정도의 자원을 사용한다면, 우리는 그것을 지원하기 위해 4개의 지구가 필요할 거예요. 평균 아랍에미리트인의 생활방식으로는 약 5.5개의 지구가 필요하며 전형적인 유럽인은 2.5개의 지구를 필요로 해요. 반면에, 모든 사람들이 평균 인도인의 생활방식대로 산다면, 우리는 지구의 절반 정도만 필요할 거예요. 사람들이 각자 익숙해진 생활방식을 포기하기는 어렵겠지만, 만약 우리가 일을 하는 방식만이라도 바꾼다면, 생활양식의 많은 측면들이 보존될 수 있을 거예요. 분수에 맞는 생활을 하는 것은 가능하며, 많은 사람들이 그렇게 하고 있어요.

지질 시대의 연대 구분

지구 과학자들은 지질학적 시간 척도라고 불리는 체계로 우리 행성의 역사를 여러 단계로 나누었어요. 우선 네 개의 누대로 나뉘어져요. 누대들은 대, 기, 세, 그리고 마지막으로 연대로 세분돼요. 그러한 구분은 암석들의 변화에 기반을 둔 것인데, 암석이 놓였을 당시의 지구의 다른 조건과 과정에 대해 우리에게 말해줘요. 우리가 지금 살고 있는 누대인 현생누대는 지난 5억 4,100만년을 다루고 있는데, 모든 복잡한 생명체가 지구에 존재했던 거의 전 기간이에요.

지질 연대는 지구의 지질학적 역사 순서를 보여주는 상대적인 시기 체계로 시작되었지만, 지금은 절대적인 시기로 인식되고 있어요.

누대	대	기	세	
현생누대	신생대	제4기	홀로세	← 오늘날
			플라이스토세	
		신제3기(네오기)	플라이오세	
			마이오세	
		고제3기(팔레오기)	올리고세	
			에오세	
			팔레오세	
	중생대	백악기	–	← 6천 6백만년
		쥐라기	–	
		트라이아스기	–	
	고생대	페름기	–	← 2억 5천만년
		석탄기*	펜실베니아기	–
			미시시피아기	–
		데본기	–	
		실루리아기	–	
		오르도비스기	–	
		캄브리아기	–	
원생누대	신원생대	에디아카라기	–	← 5억 4천만년
		크리오제니아기	–	
		토니아기	–	
	중원생대	–	–	← 8억 5천만년
	고원생대	–	–	← 17억 8천만년
시생누대	–	–	–	← 24억 2천만년
명왕누대(하데안기)	–	–	–	← 40억년
				← 45억 4천만년

젊다 ↑ 늙다

[*미국은 석탄기를 두 개의 시대로 구분해요.]

현생누대의 분류는 화석을 기반으로 하지만, 그보다 이전의 화석은 거의 없어요. 암석의 연대를 측정하는 데 사용되는 고생대 화석은 대부분 삼엽충이에요.

타임라인 1: 지구의 시작

우주는 빅뱅과 함께 생겨났어요. 그것은 한없이 작고, 뜨겁고, 밀도가 높은 한 점에서 시작되었어요. 폭발적으로 확장했어요.

우리 은하인 은하계가 형성되기 시작했어요.

우리 은하인 은하계가 확장되기 시작했어요.

지구와 다른 암석 행성들은 태양 주위를 도는 바위와 먼지 덩어리가 함께 모이면서 형성되었어요.

가장 먼저 나타나는 물질은 수소와 헬륨이에요.

초신성은 초기 별들의 죽음을 나타내며, 다른 화학 원소들을 우주로 쏟아냈어요.

태양과 우리 태양계가 형성되기 시작했어요.

빅뱅

하데안기

138억년 전 | 137억년 전 | 134억년 전 | 46억년 전 | 45억 5천만년 전

타임라인 2: 활기를 띠는 대륙

광합성을 하는 시아노박테리아는 바다에서 진화해서 산소를 방출하기 시작해요.

광합성은 대기에 산소를 더해 혐기성 미생물의 대량 멸종을 야기해요. 산소는 암석에 녹 줄무늬를 남겨요.

콜롬비아 초대륙(누나대륙)은 지구의 대부분을 차지하고 있으며, 가장 오래 지속되는 초대륙이에요.

대부분의 땅은 초대륙 로디니아로 분류돼요.

대부분의 지구 육지는 초대륙인 케놀랜드에 속해 있어요.

떨어지는 이산화탄소 수치는 지구를 시원하게 해요. 일련의 눈덩이 지구 사건에서, 온도는 급락해서 지구는 얼음으로 덮여요.

방기오모르파라고 불리는 홍조류는 성적으로 번식하는 최초의 진정한 다세포 생물이에요. 유성 생식은 진화가 더 빨리 이루어질 수 있게 해요.

시생대의 종말 → 원생대

27억년 전 25억년 전 25~22억년 전 24~21억년 전 21~14억년 전 12억년 전 11억~7억년 전

대기 중에 오존층이 형성되기 시작해서 동식물이 서식할 수 있는 얕은 물이 만들어져요.

추위로 인한 대량 멸종 사건이 특유의 에디아카라 유기체를 멸종시켰어요.

애팔래치아 산맥이 형성되기 시작했어요.

캄브리아기 폭발은 생명체의 급격한 다양성을 보여 주었고, 현재 살고 있는 모든 주요 동물 집단을 형성하게 했어요.

작은 해면 동물들이 최초의 동물 화석을 남겼어요.

해저에는 기이하게 생긴 누빔 에디아카라 유기체가 살아요. 부드러운 신체 화석을 남겨요.

오존층은 생명체가 살기에 안전한 땅을 만들기 충분할 정도로 두꺼워져요. 식물과 동물들은 해안으로 이동해요.

원생대의 끝 | 현생대의 시작 | 고생대

6억 5천만년 전 | 6억년 전 | 5억 7천 7백만년~ 5억 4천 2백만년 전 | 5억 4천 2백만년 전 | 5억 3천만년 전 | 4억 8천만년 전 | 4억 2천만년 전

123

용어해설

갑각류 물에서 사는 외양이 단단하고 관절이 있으며 분절된 몸체와 쌍을 이룬 다리를 가진 동물.

강착 작은 입자들을 뭉쳐 행성처럼 더 큰 몸체를 만드는 것.

고세균류 하나의 세포로 이루어진 초기의 단순한 생명체.

고원 산맥 뒤에 있는 대체로 평평하고 융기된 지역.

광합성 햇빛의 에너지를 이용하여 물과 이산화탄소로 당분(포도당)을 만드는 과정.

궤도 중력에 의해 제자리에 붙잡혀, 더 큰 물체(행성이나 별) 주위를 도는 것.

규산염암 규소와 산소의 화합물을 함유한 암석.

기화 액체 상태에서 가스로 변화하는 것.

기후 기온과 날씨의 장기적인 패턴.

대기 행성 주위의 가스층.

대류 물질의 입자 이동에 의한 열의 흐름.

마그마 지구의 딱딱한 지각 아래에 있는 반쯤 녹은 암석.

마찰 두 물체나 표면이 비벼지면서 발생하는 열을 내면서 만들어진 힘.

맨틀 지구의 지각과 핵 사이에 있는 두꺼운 마그마(녹은 암석) 층.

멸종 죽어서 사라진 일종의 유기체.

무기 탄소 순환 암석과 대기를 통한 탄소의 느린 재순환.

무척추동물 등뼈가 없는 동물.

미생물 현미경으로만 볼 수 있는 매우 작은 유기체.

미행성체 이미 큰 암석 덩어리지만 그것이 아직 최종 크기가 아닌, 행성 형성의 초기 단계.

박테리아 하나의 세포로 된 매우 작은 생물.

반구 지구 구체의 절반.

방사능 라듐, 우라늄, 토륨 따위 원소의 원자핵이 붕괴하면서 방사선을 방출하는 일.

변성암 열과 압력의 작용 결과로 형태가 바뀐 암석.

부식 물리적 또는 화학적 과정에 의해 암석이 점진적으로 사라져 가는 것.

분자 두 개 이상의 원자가 함께 결합한 것.

살충제 해충으로 간주되는 곤충 및 다른 생물들을 죽이기 위해 사용되는 화학물질.

생물 다양성 매우 다양한 살아 있는 유기체들.

생물권 모든 살아 있는 식물, 동물, 균류, 미생물 등 생물들이 살고 있는 지구의 모든 영역.

섭입 한 지각판을 다른 지각판 아래로 당기는 것. 일반적으로 해양판이 대륙판의 아래로 들어감.

세포 살아 있는 유기체의 작은 구조 단위. 모든 생명체는 세포로 이루어져 있으며 적어도 하나의 세포를 포함하고 있음.

소행성 우주 공간에서 움직이는 커다란 암석이나 암석과 얼음이 섞인 것.

수권 지구의 물(해양, 바다, 강, 호수, 만년설, 빙하, 구름).

시아노박테리아 광합성을 하는 단세포 미생물.

암모나이트 굴곡진 껍데기에 사는 오징어와 상당히 비슷한 멸종된 바다생물의 종류.

암석권 지구를 구성하는 암석(고체 암석과 마그마).

압력 무언가를 밀거나 짓누르는 힘.

양성자 모든 원자의 핵에서 발견되는 양전하를 가진 원자 입자.

역동적 끊임없이 움직이거나 변화함.

열수작용 지질학적으로 가열된 물이 나오거나 그와 관련된 것.

용암 화산에서 나오는 녹은 암석(마그마).

운석 우주에서 지구로 떨어진 암석.

원소 오직 한 종류의 원자로만 이루어지며 구성성분 화학물질로 분해될 수 없는 화학물질.

원자 화학 원소 중 하나라고 말할 수 있는 물질의 가장 작은 부분.

유기체 살아 있는 생물. *무기체(무기물로 이루어진 조직체: 광물, 공기)

유독성의 독성이 있는 것.

유전적인 물려받은 특성과 관련이 있는 것.

응축 냉각을 통해 기체 상태에서 액체로 됨.

자외선 가시광선보다 파장이 짧은 방사선의 형태. 자외선은 생물에게 피해를 준다.

잔해 무언가가 파괴된 후 남은 부스러기나 잔존물.

재생 가능 에너지 태양빛이나 바람과 같이 고갈되지 않는 원천에서 얻는 에너지.

적도 지구 중앙의 가장 넓은 부위 주변을 일컫는 상상의 선.

전자 원자핵 주위를 도는 음전하를 가진 아주 작은 원자 입자.

절지동물 뼈가 없이, 단단한 관절이 있는 동물.

제련 금속을 녹여 추출하기 위해 금속을 함유한 암석을 가열하는 것.

중성자 수소를 제외한 모든 원자의 핵에서 전하가 없는 원자 입자.

지각 지구의 암석으로 된 외곽 표면.

지각판 지구 표면을 구성하는 거대한 암석판들 중 하나.

지르콘 매우 고대의 암석에서 발견되는 광물.

지속 가능 고갈되지 않고 계속 진행할 수 있음.

지진 지각판들이 같이 움직일 때 발생하는 지면의 격렬한 흔들림.

지질학자 지구나 다른 행성들의 물리적 구성 요소(공기, 물, 암석 등)와 행성의 형성 과정 및 역사를 연구하고 작업하는 과학자.

지층 암석의 여러 층.

진화 시간에 따른 유기체의 변화와 적응으로, 대개 환경 상황의 변화나 도전에 대한 반응.

척추동물 등뼈가 있는 동물.

크라톤 오래전에 지구의 표면이 차가워지면서 마그마로 형성된 암석 덩어리.

탄산염암 산소와 탄소의 화합물이 함유된 암석.

태양 복사열 열과 빛을 포함하는 태양 에너지.

태양풍 태양 표면에서 나오는 하전입자들이 우주로 쏟아지는 것.

퇴적물 모래나 진흙과 같이 물에서 쌓이는 미세한 입자.

퇴적암 오랜 시간에 걸쳐 퇴적물이 압축되어 만들어진 암석.

풍화 날씨(바람, 비, 기온)의 작용에 의한 암석의 점진적인 붕괴.

핵 행성의 중심 부분.

화석 오래전에 죽어 갇혀 있거나 돌로 변한 유기체의 유물이나 흔적.

화합물 둘 이상의 원소로 이루어진 화학물질.

지구상의 진화에 관한 모든 것
진화가 뭐예요?
앤 루니 글 / 냇 휴스 그림 / 46배판(양장) / 128쪽 / 18,800원

지구상에 존재하고 있는 생명체가 진화하고 멸종되는 과정을 자세하고 명료하게 이해할 수 있도록 기획한 초등학교 자연과학 추천도서입니다.

우주 탄생의 기원과 비밀
우주가 뭐예요?
앤 루니 글 / 냇 휴스 그림 / 46배판(양장) / 128쪽 / 18,800원

우주가 생성되고 확장해 나가는 과정을 과학적인 근거를 토대로 접근하여 우주 탄생의 비밀과 기원을 파헤친 초등학교 자연과학 추천도서입니다.

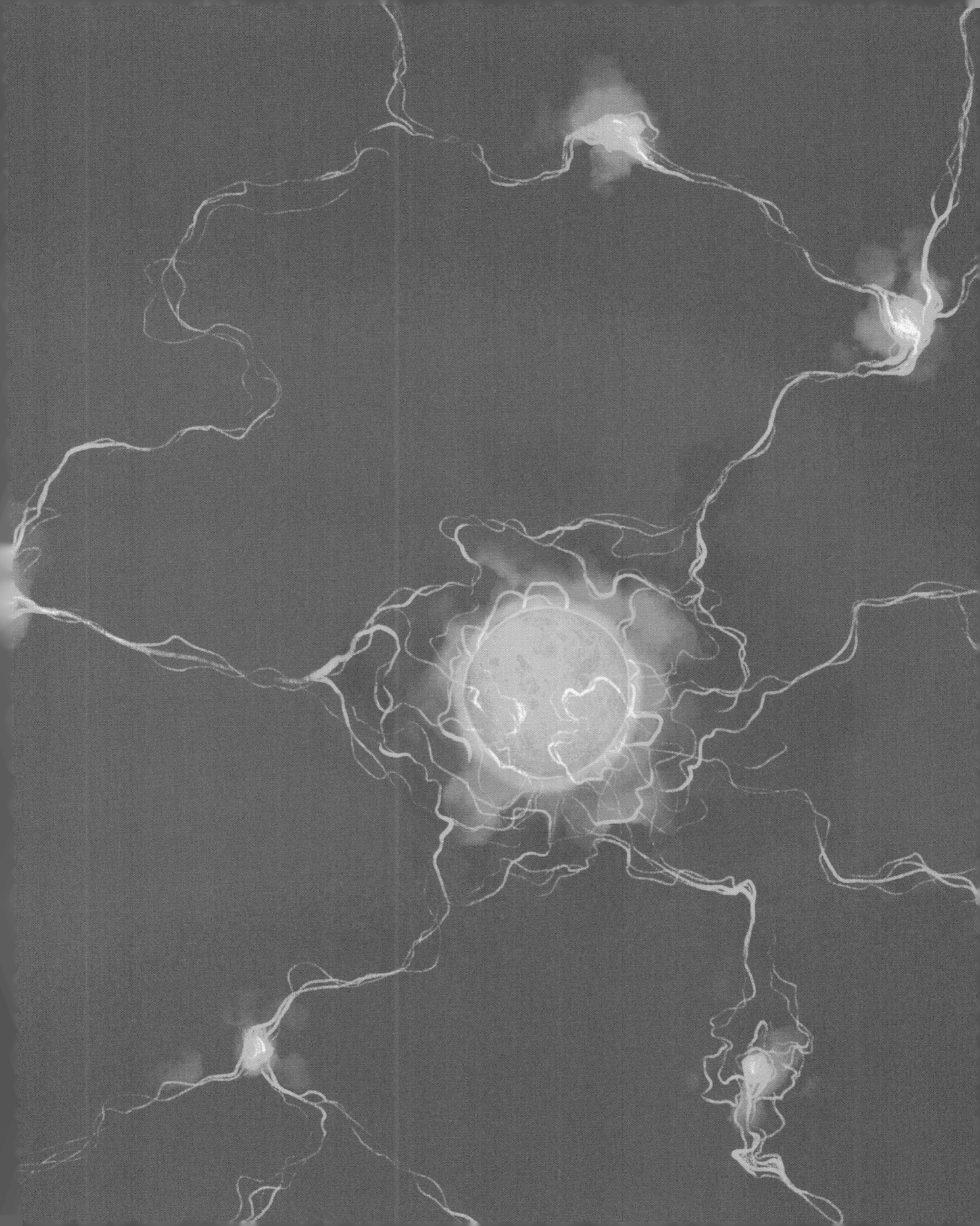

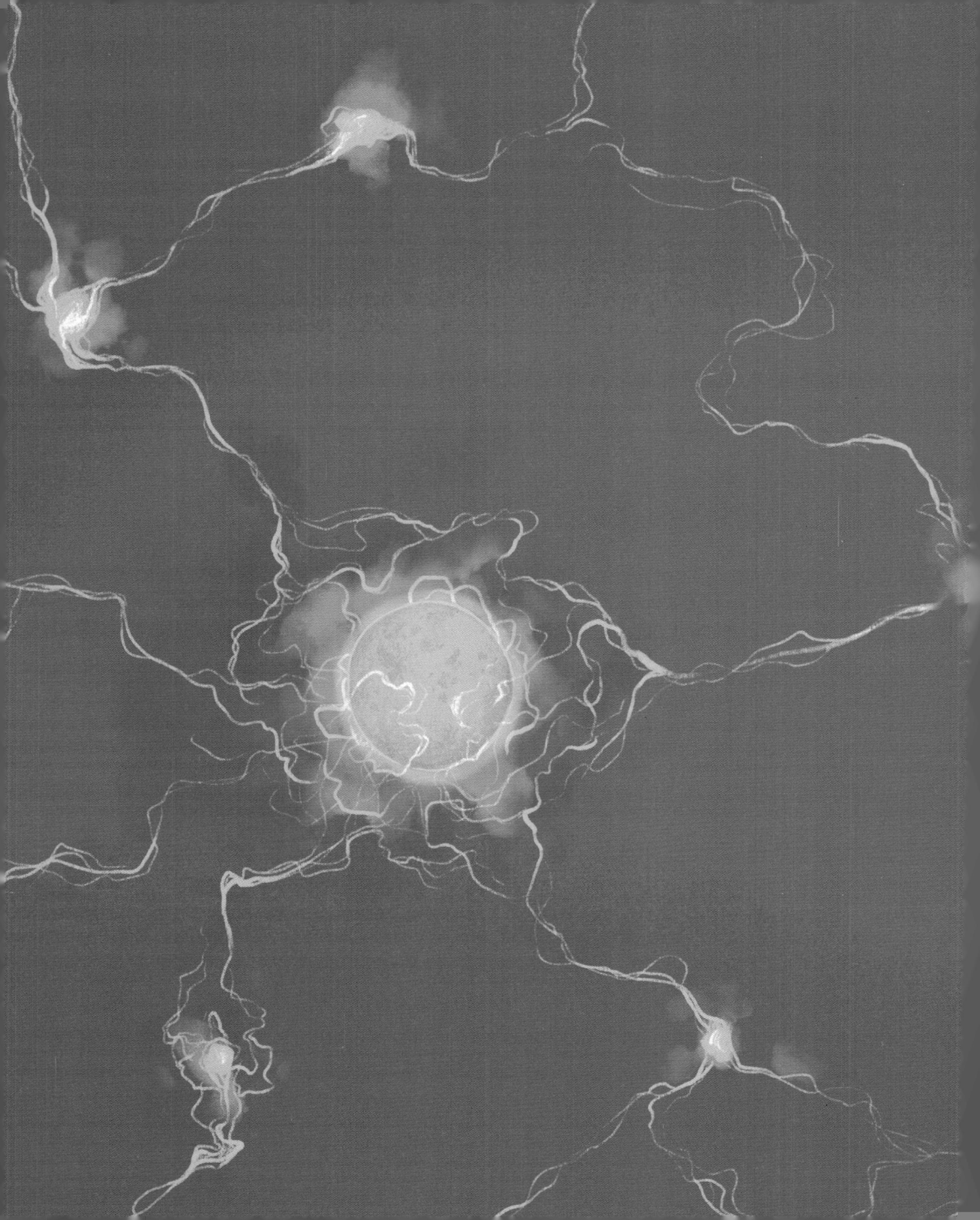